GRATUITÉ
DU CRÉDIT FONCIER

SOLUTION DU PROBLÈME

PAR UNE BANQUE FONCIÈRE,

PRÊTANT GRATUITEMENT AUX PROPRIÉTAIRES DU SOL,

ET A 4 P. 0/0 L'AN A L'INDUSTRIE AGRICOLE.

Par F. GRANIÉ

ANCIEN ÉLÈVE DE L'ÉCOLE SPÉCIALE DE COMMERCE ET D'INDUSTRIE.

Dieu veut partout Liberté et combinaison,
FOURIER.

C'est icy un livre de bonne foy, lecteur.
MONTAIGNE.

TOULOUSE,
DELBOY, Libraire-Editeur,
Rue de la Pomme, 71.

PARIS,
GUILLAUMIN ET Cᵉ, Libraire-
Éditeur, rue Richelieu, 14.

1866.

GRATUITÉ
DU CRÉDIT FONCIER

SOLUTION DU PROBLÈME

PAR UNE BANQUE FONCIÈRE,

PRÊTANT GRATUITEMENT AUX PROPRIÉTAIRES DU SOL,

ET A 4 P. 0/0 L'AN A L'INDUSTRIE AGRICOLE.

Par F. GRANIÉ

ANCIEN ÉLÈVE DE L'ÉCOLE SPÉCIALE DE COMMERCE ET D'INDUSTRIE.

Dieu veut partout Liberté et combinaison,
FOURIER.

C'est icy un livre de bonne foy, lecteur.
MONTAIGNE.

<table>
<tr><td>TOULOUSE,
DELBOY, Libraire-Editeur,
Rue de la Pomme, 71.</td><td>PARIS,
GUILLAUMIN ET Cᵉ, Libraire-
Éditeur, rue Richelieu, 14.</td></tr>
</table>

1866.

DÉDICACE

A MONSIEUR LE BARON DECAZES

Président du Comice Agricole d'Albi.

En vous offrant la dédicace de ce livre, je n'ai pas la pensée de vous rendre solidaire des appréciations politiques et sociales que j'ai cru devoir faire entrer dans le cadre de cette étude ; ces appréciations me sont personnelles, et, seul, j'en revendique la responsabilité.

Vous pensez et vous avez dit souvent que le Crédit Agricole ne peut être fondé que par *le prêt à long terme et à un taux inférieur au revenu de la terre*. Pénétré de la vérité de ce principe, vous m'avez encouragé, le premier, à développer les idées que j'ai publiées en 1861, sur l'organisation du Crédit Agricole.

Sur ce terrain , à part quelques différences dans les moyens, nous poursuivons le même but. À ce titre, Monsieur le Baron , et sous la réserve de nos opinions respectives, permettez-moi de vous dédier cette œuvre, quelqu'imparfaite qu'elle soit, et de la soumettre sous votre haut patronage au jugement des propriétaires du sol.

F. GRANIÉ.

" Juin 1866.

AU LECTEUR.

Vous n'avez devant vous ni un philosophe, ni un historien, ni un littérateur, encore moins un savant. L'auteur de cet écrit n'a jamais été docteur d'aucune Faculté ; il n'a même pas l'honneur d'être bachelier; il était industriel, et la nature de son commerce l'a mis en rapport avec l'élite des négociants, des banquiers et surtout des propriétaires de son département et des départements voisins; il a été aussi propriétaire.

Dans les premières années de sa carrière, il ne pouvait se rendre compte des retards qu'apportaient la plupart des propriétaires à lui payer ses mémoires, il avait beaucoup de débiteurs, et, malgré des ressources considérables, il se trouvait bien souvent dans la position de Tantale ; il était forcé d'avoir recours au crédit, que certaines circonstances lui rendaient difficile. C'était une longue série d'angoisses toujours provoquées par la question d'argent.

Il chercha donc à se rendre compte des véritables causes de l'inexactitude forcée de ses débiteurs propriétaires, et il finit par acquérir la certitude que le propriétaire est, maintes fois, plus embarrassé que l'ouvrier le plus modeste; il ne tarda pas à s'apercevoir que l'industrie devait surtout sa prospérité à un crédit puissant et facile ; et, comme il savait depuis longtemps que le *crédit* est la clef de la richesse, il se demanda s'il ne serait pas possible de trouver un mode de crédit approprié aux besoins de la Propriété foncière et de l'Agriculture.

VIII

Durant les courts loisirs que lui laissait son industrie, il cherche les combinaisons qui pouvaient le conduire sûrement à ce but ; il étudia les principes qui avaient servi à l'organisation du crédit industriel ; et la monnaie fiduciaire de la Banque de France le mit sur la voie d'un système complet de crédit à l'usage spécial de la propriété foncière et de l'Agriculture.

C'est le résultat de ses réflexions, et de ses études qu'il a l'honneur de soumettre au jugement du lecteur. S'il a réussi, par ce système, à ouvrir à la propriété foncière et à l'Industrie agricole la véritable voie de la prospérité, il se trouvera largement récompensé de les voir sortir enfin de la situation déplorable où elles se trouvent plongées.

Si, au contraire, il s'est bercé d'un rêve, il trouvera l'excuse de sa témérité dans sa bonne foi et dans ses intentions.

AVANT-PROPOS.

Tout le monde est d'accord aujourd'hui pour constater les souffrances qui, depuis longtemps, affectent l'Agriculture et la propriété foncière. Ces souffrances ont pris de telles proportions, que le moment est venu, moment solennel, où l'on s'est enfin demandé ce qu'il y a à faire pour porter un remède immédiat et efficace aux crises périodiques et au malaise général qui font déserter nos campagnes par ceux-là même qui devraient y trouver une existence facile par un travail équitablement rémunérateur.

Déjà, dans les plus hautes sphères officielles, au Sénat, au Corps législatif, on s'est ému des plaintes des propriétaires, qui semblent pris de vertige, et qui, ne voyant pas la source véritable du mal, ne s'occupent que des symptômes, et demandent des palliatifs là où il faudrait des spécifiques. — Des voix éloquentes et autorisées ont signalé cette triste situation. On en a cherché les causes ; on a proposé des remèdes, tels que le rétablissement de l'échelle mobile, la diminution de l'impôt et des droits d'enregistrement, et une infinité d'autres palliatifs de même nature, qui ne produiront pas, suivant nous, les résultats qu'on se promet.

On a critiqué avec justice l'institution du Crédit Foncier, au point de vue des services qu'il était destiné à rendre à l'Agriculture. On n'a pas manqué de signaler son impuissance à cet égard, et l'obligation où il s'est trouvé d'utiliser ses capitaux, en les prêtant aux villes et aux communes. Chaque orateur enfin a indiqué ses remèdes ; mais, parmi ces remèdes, il en est un dont la nécessité a été unanimement proclamée : c'est une institution de crédit approprié aux besoins de l'Agriculture et de la propriété foncière.

Si l'on compare l'immense accroissement des valeurs industrielles avec celui de l'Agriculture, on s'aperçoit bien vite que celle-ci est restée de beaucoup en arrière dans la voie des progrès susceptibles d'augmenter sa richesse. Parmi les causes multiples de cette infériorité, il faut placer, en première ligne, l'absence de tout établissement de crédit. La Banque de France, en multipliant les capitaux de circulation par sa monnaie fiduciaire, a rendu le crédit facile et économique pour l'industrie et le commerce ; elle a été le point de départ de leur prospérité ; personne ne l'ignore.

Cependant, les propriétaires, au lieu de chercher à suivre ce mouvement d'impulsion, s'étaient endormis dans l'espérance que les revenus viendraient, comme autrefois, grossir leur caisse, sans s'occuper de leurs domaines, qu'ils livraient à des hommes d'affaires ou à des métayers inintelligents et routiniers. Ils s'éveillent aujourd'hui, épouvantés de la situation qu'ils se sont faite ; réjouissons-nous de ce réveil opportun ! Il est temps encore de profiter de l'exemple de l'industrie, et de chercher des voies nouvelles par l'organisation d'un établissement de crédit pouvant *prêter à long terme et à bon marché*. C'est le seul moyen de salut pour la propriété foncière ; car, l'emprunt hypothécaire à 5 p. 0/0 est le véritable ver rongeur qui la dévore et qui l'arrête dans les améliorations pratiques qui pourraient l'arracher à la ruine.

Il y a longtemps déjà que, pour notre part, nous regardons l'organisation du Crédit agricole comme le point de départ de la prospérité de l'Agriculture. Nous avons écrit, en 1857, et publié, en 1861, une étude sur ce sujet si intéressant ; mais nous nous étions bien gardé de donner un travail complet sur cette matière ; le moment n'était pas encore venu.

Notre écrit de 1861 était donc un ballon d'essai, que nous lancions dans la plupart des Sociétés d'Agriculture de France, dans le but de provoquer une discussion sérieuse sur les principes qui devaient servir de base à l'organisation du Crédit agricole. Nous étions, dès cette époque, en mesure de formuler notre système tel que nous le donnons aujourd'hui ; mais nous comprenions trop bien qu'à ce moment c'était jeter nos idées dans le vide. Il ne nous en coûte même pas de convenir que l'évènement a justifié nos prévisions, et que notre étude est allée se perdre dans la hotte des chiffonniers.

Aujourd'hui la situation n'est plus la même : il faut, bon gré, mal gré, qu'on s'occupe sérieusement de l'organisation du Crédit agricole. L'enquête, à laquelle chacun doit apporter sa part de lumière, aboutira, nous l'espérons, à des résultats satisfaisants. La solution du problème du crédit y sera incontestablement présentée et discutée ; car cette solution est une question de vie ou de mort pour l'Agriculture.

Nous saisissons, en conséquence, l'occasion favorable qui se présente, pour apporter à l'Agriculture et à la propriété foncière les moyens de fonder par elles-mêmes et pour elles-mêmes une institution de crédit, qui doit être le nouveau point de départ de leurs progrès et de leur prospérité. — Tel est le but de cet opuscule.

Nous avons divisé notre travail en quatre chapitres. Dans le premier, nous jetons un coup-d'œil rapide sur l'organisation de l'Industrie depuis les dernières années qui précédèrent 1789 jusqu'à ce jour. Nous avons cherché les causes de l'immense développement des produits et de la richesse de l'Industrie et du Commerce; enfin, nous avons constaté la situation et les tendances actuelles des patrons et des ouvriers.

Le second chapitre présente la situation de la propriété foncière, tant au point de vue des propriétaires, qu'à celui de la condition matérielle, intellectuelle et morale des ouvriers des champs, comparée à celle des ouvriers de l'industrie. Nous avons étudié les institutions fondées en faveur de l'Agriculture, et recherché les causes de l'émigration des campagnes. Après avoir constaté la cause primordiale de la prospérité de l'Industrie, nous sommes arrivé à conclure que le point de départ de la prospérité de la propriété foncière est dans *l'établissement d'une institution de crédit pouvant prêter à long terme et à un taux de beaucoup inférieur à* LA QUOTITÉ *du revenu, tout en comprenant dans l'annuité l'amortissement du capital emprunté.*

Dans le troisième chapitre, nous nous sommes attaché à faire comprendre le fonctionnement de la Banque de France, et la base sur laquelle est assise la confiance en son papier-monnaie.

Enfin, dans le quatrième chapitre, nous posons les principes et nous développons les moyens d'organisation et d'application d'un système complet de Crédit agricole, dans les conditions que nous venons de formuler.

GRATUITÉ
DU CRÉDIT FONCIER

CHAPITRE PREMIER.

Situation de l'Industrie.

Sommaire. — Son organisation depuis les dernières années qui précédèrent 1789, jusqu'à ce jour. — Institutions qui ont développé sa richesse. — Ses tendances vers une organisation nouvelle. — Formule de ces tendances.

Pour bien apprécier la situation actuelle de l'Agriculture, l'anarchie qui règne dans son organisation, et par suite le rang inférieur qu'elle occupe auprès de l'industrie, il nous a semblé utile d'examiner rapidement les diverses phases que l'industrie moderne a parcourues depuis les dernières années qui ont précédé la révolution de 1789 jusqu'à ce jour. Nous la suivrons, non dans les détails des modifications qui ont été accomplies, mais dans les réformes qui en ont successivement transformé l'organisation, au point de vue des rapports entre les patrons et les ouvriers, comme à celui des progrès réalisés dans là production, la consommation et la répartition des richesses. Nous rechercherons les causes premières des progrès obtenus et l'influence de ces progrès sur l'amélioration matérielle, intellectuelle et morale des maîtres et des travailleurs. Nous arriverons, par là, à reconnaître que c'est à ces causes que l'on doit attribuer l'immense accroissement des valeurs industrielles.

Après ce rapide examen dans le domaine industriel, nous pourrons comparer utilement l'organisation respective de l'Industrie et de l'Agriculture, et de cette comparaison, résultera, nous l'espérons, la possibilité d'appliquer à la propriété agricole les procédés et les institutions qui ont contribué à porter si loin la prospérité et la supériorité de l'industrie sur l'agriculture.

Jusqu'à la révolution de 1789, l'Industrie se ressentait naturellement de l'organisation politique et sociale de l'époque. Nous la trouvons, en effet, féodalement reconstituée, après que Turgot, ce grand défenseur du peuple travailleur, avait obtenu de Louis XVI l'abolition des maîtrises et de toutes les corporations d'arts et metiers. C'est dans le rapport qui accompagne l'ordonnance royale de dissolution qu'on trouve l'énergique, mais prématurée défense de la liberté de l'industrie. C'est dans ce même rapport qu'est officiellement proclamé ce principe qui, même de nos jours, a soulevé tant de colères, et fait verser tant de sang : « *Le droit de travailler*, dit le grand Ministre, *est la propriété sacrée et imprescriptible du pauvre.* » Ce rapport produisit sur le bon Roi une telle impression, qu'après en avoir pris connaissance, il s'écria : *Il n'y a que M. Turgot et moi qui aimions le peuple.* C'était en 1776.

On pouvait croire, après cette ordonnance, que c'en

était fait des corporations, des maîtrises et des jurandes.
Hélas ! l'abolition des priviléges de l'industrie ne fut
pas de longue durée : car elle attaquait les intérêts
d'un des corps le plus puissamment organisé. Les membres des corporations qui profitaient des abus, chèrement
payés d'ailleurs, se voyant menacés dans leur productif
monopole, soulevèrent contre l'exécution de l'ordonnance des obstacles tels, que Louis XVI, lui-même, fut
obligé de la rapporter et de rétablir l'ancien ordre de
choses. Nous convenons sans peine que cet ordre de
choses constituait une organisation forte et puissante,
basée sur le *monopole*, au profit exclusif des maîtres
et sur la *servitude* des ouvriers ; par conséquent, cette
organisation ne pouvait conduire à aucune espèce de
progrès. C'était de l'association Léonine et en mode
simple, au profit d'une minorité oppressive.

En effet, pour parvenir à être maître dans une cor-
poration quelconque, il fallait passer par un long apprentissage, payé au maître, et donner, après de longues
années d'un travail assidu et *gratuit*, des preuves de
capacité pour parvenir au compagnonage ; le compagnon ne pouvait être admis à la maîtrise qu'à force de
temps, d'*argent*, d'habileté reconnue, et après l'exécution d'*un chef-d'œuvre jugé par les maîtres eux-mêmes*.
Il est superflu de dire que les fils des maîtres n'étaient
pas soumis à ces conditions. Ils étaient maîtres-nés :
car alors la capacité, le génie même se transmettaient
par le sang, et non par l'étude. D'ailleurs ces fils,
maîtres-nés, n'étaient-ils pas les défenseurs et les
conservateurs naturels de la famille, de la propriété
et de l'industrie telles qu'elles étaient constituées à
cette époque !

Régulateurs *absolus* de la vente de leurs produits,
par le monopole et le privilége, les industriels avaient-
ils besoin de les améliorer? Qu'avaient-ils à faire du
concours de la science et des machines, en présence
d'une consommation qui dépassait la production retenue dans son essor, en présence surtout d'un nombre
suffisant de travailleurs dont les *corporations fixaient les*
salaires?

Aussi le consommateur des villes et des campagnes
payait-il très cher et sans pouvoir en débattre le prix,
les produits de l'Industrie monopolisée, tandis que
l'Agriculture, privée d'institutions analogues, se trouvait, pour la vente de ses denrées, à la merci de la
concurrence que les propriétaires se faisaient entr'eux.

Il ne nous paraît pas nécessaire d'écrire ici l'histoire
détaillée de cette organisation qui dans un certain temps
et dans certaines conditions sociales avait, sans doute,
sa raison d'être. Nous éviterons ainsi de nous livrer à
des déclamations contre cet ordre de choses qui, aujourd'hui, nous paraîtrait monstrueux. Nous n'avons
pas à en redouter le retour, parce qu'une société ne
remonte pas plus vers son passé qu'un fleuve vers sa
source. D'ailleurs il nous a toujours paru malséant
d'attaquer les morts pour le vain plaisir d'une victoire
facile. Nous passons donc sans transition à la révolution
de 1789.

La révolution de 1789 a été pour la France un temps
d'arrêt en même temps qu'un point de départ : temps
d'arrêt, par l'abolition de tous les priviléges nobiliaires,
de tous les monopoles pour les maîtres, de la servitude
pour les ouvriers, enfin par un changement radical
dans la constitution de la propriété; point de départ,

par l'application des idées jetées dans les esprits par les philosophes du XVIIIe siècle. Ces idées dominantes et fondamentales étaient résumées en ces deux termes : *Egalité devant la loi et Liberté.* Ce fut un cataclysme social avec ses violences, et ses terreurs, mais laissant, après son passage destructeur, les traces impérissables des principes nouveaux que la société régénérée venait d'acclamer. Examinons quelle influence ces principes de liberté et d'égalité devant la loi ont exercée sur l'Industrie et sur l'Agriculture.

Pour tout observateur attentif et impartial, il est évident que la liberté poussée à l'extrême, c'est-à-dire arrivant jusqu'à l'individualisme, par conséquent à l'égoïsme, la *liberté absolue* en un mot, ne pouvait et ne devait être que le terme opposé à l'ancienne organisation, basée sur le monopole et les priviléges. La liberté sans ordre, ou pour mieux dire, *sans régulateur,* n'est-elle pas l'anarchie? Donc à partir de 1789 l'Industrie entrait à pleines voiles dans le courant de la *liberté absolue ;* pouvait-il en être autrement? C'était une protestation contre l'ancien ordre de choses; il y avait loin, de là à une organisation nouvelle, basée sur les principes de liberté, de justice et d'équitable répartition.

Il n'est pas besoin de dire ce que fut l'Industrie pendant la période de 1789 à 1797. Tout le monde sait qu'elle n'existait, pour ainsi dire, que de nom. La révolution, les guerres extérieures et le triste papier-monnaie de l'époque, les assignats, avaient anéanti les transactions commerciales, et poussé le gouvernement à la plus désastreuse banqueroute. L'Industrie gisait donc sur un lit de ruines et de misères. Les années qui suivirent ne lui furent guère favorables, car l'Industrie ne peut vivre par la guerre. Toutefois, le calme revint peu à peu à l'intérieur, et amena nécessairement des besoins de consommation, et par conséquent, des désirs de production. Mais les capitaux de circulation manquaient, et c'est à cette époque, sous le Consulat, que la Banque de France fut fondée au capital de trente millions. Ses opérations commencèrent le 20 février 1800. Ce fut le 14 avril 1803 que la Banque de France, après avoir obtenu, au détriment de sociétés rivales, le monopole de l'émission de son papier-monnaie, porta son capital à quarante-cinq millions. La loi du 22 avril 1806 l'autorisa à l'élever à la somme de quatre-vingt-dix millions, qui plus tard fut réduite à soixante-sept millions neuf cent mille francs. — Nous n'avons pas à nous occuper ici des conditions imposées par l'Etat à propos de ces augmentations successives du capital primitif. Il nous suffit de constater, qu'à partir de ce moment, l'industrie et le commerce furent dotés d'un établissement de crédit spécial. Tout le monde se plaît à reconnaître que cette institution a rendu d'immenses services aux transactions commerciales et industrielles. Elle a été le point de départ, la cause première de tous les prodiges que l'industrie étale chaque jour à nos yeux, au moyen d'un crédit toujours à son service et en rapport avec ses besoins. Cette institution fut pour l'Industrie la clef de tous les progrès, la source réelle de sa prospérité. L'Agriculture peut et doit être dotée d'une institution analogue, si elle veut s'élever au même niveau. Mais revenons à 1806.

Malheureusement l'élan que le crédit organisé par la Banque de France, pouvait imprimer à l'industrie se trouva longtemps paralysé sous le premier Empire, par un système fatal de prohibitions absolues. Nous voulons parler du blocus continental dont les conséquences (qui devaient être si funestes à l'Angleterre), retombèrent de tout leur poids sur l'industrie française. Celle-ci dès-lors, dut se borner à proportionner ses produits aux besoins de la consommation intérieure. — Elle ne pouvait rien demander aux nations voisines et elle fut obligée de se suffire à elle-même. Si d'un côté, nous devons déplorer une telle dérogation à la loi naturelle de la liberté des échanges, nous devons, d'autre part, nous glorifier d'avoir vu nos savants et nos inventeurs, se livrer alors à des recherches qui, jusqu'à un certain point, donnèrent à l'industrie française la possibilité de se suffire avec ses seules ressources.

Au moment de la chute de l'Empire, l'Industrie éprouva, comme dans toutes les révolutions, des crises et des commotions successives qui, en même temps, faillirent devenir fatales à la Banque elle-même. En 1814, celle-ci réduisit son escompte à ce point que la circulation ne s'éleva qu'à dix millions, les comptes-courants à un million trois cent mille francs, et ses réserves ne dépassèrent pas cinq millions.

Pendant la période de la Restauration (de 1815 à 1830), nous n'avons à signaler, à part quelques violentes crises financières (1818), et des coalitions ouvrières toujours comprimées, qu'un élan général de l'industrie, faisant feu de toutes ses batteries pacifiques, et marchant d'un pas ferme à la conquête de la richesse et du bien-être de tous ses coopérateurs.

La Révolution de 1830 marque dans la marche de l'industrie une étape féconde à tous les points de vue. *La paix, la paix à tout prix*, telle était la devise ins-

crite sur son drapeau. Un immense et général besoin
de satisfactions matérielles, résultant d'un calme profond à l'intérieur et à l'extérieur depuis 1815, et des
progrès accomplis jusqu'alors par l'industrie, telle était
la caractéristique de la nation française à cette époque.
Toutefois, nous ne devons pas oublier que c'est au
commencement du règne de Louis-Philippe, que l'instruction élémentaire prit dans les villes un développement considérable, et qu'elle fut organisée dans les
communes rurales. L'intelligence eut sa large part de
satisfaction, si on compare ce qui fut fait alors pour elle
à ce qu'elle avait obtenu sous les règnes précédents.
C'est encore à ce règne qu'on doit l'organisation définitive des agents-voyers destinés à couvrir la France
d'un immense réseau de chemins de grande et petite
vicinalité. Ces deux importantes et utiles mesures nous
semblent suffisantes pour illustrer un règne, quel que
soit son nom, quelles que soient ses fautes.

A cette même époque, les doctrines de l'économie
politique et industrielle propagées sous le premier Empire et sous la Restauration par les économistes anglais
et français, étaient discutées par les nouvelles écoles de
Saint-Simon et de Fourier. La première surtout, par sa
propagande publique, jeta une vive et féconde lumière
sur toutes les questions d'économie industrielle, financière et sociale.

Formée d'abord par un petit groupe de disciples qui
avaient nom Olinde Rodrigues, Enfantin, Bazard,
l'école Saint-Simonienne vit augmenter le nombre de
ses adeptes, parmi lesquels il suffit de citer Buchez,
Laurent, Barrault, Jean Reynaud, Abel Transon, Pierre
Leroux, Michel Chevalier, etc., etc... Ceux qui ont pu

entendre les leçons de quelques-uns des membres de
cette pléiade d'hommes d'élite, ne perdront jamais le
souvenir des brillantes discussions soutenues de 1828 à
1831, devant une jeunesse qui se passionnait alors pour
les idées nouvelles et généreuses. Notre cœur a frémi
bien souvent en écoutant cette formule :

« *A chacun suivant sa capacité,*
» *A chaque capacité selon ses œuvres.* »

Formule qui avait pour but *l'amélioration matérielle,
intellectuelle et morale de la classe la plus nombreuse et
la plus pauvre.*

Mais bientôt quelques disciples de Saint-Simon eurent
la fatale idée de transformer l'ÉCOLE en TEMPLE. Ce fut
l'arrêt de mort de la Société des Saint-Simoniens; ils ne
sortaient pas, il est juste de le dire, du cadre de leur
programme, mais les idées nouvelles de la *morale* et du
culte amenèrent un scission inévitable. Quelques adeptes
se groupèrent autour d'Olinde Rodrigues; et le gouvernement de juillet fit suspendre leurs prédications.
Un arrêt de la cour d'assises prononça la dissolution de
la Société Saint-Simonienne ; mais la doctrine de l'école
resta debout, et certes on ne peut nier l'immense
influence de cette école sur le mouvement des idées
sociales.

Presqu'en même temps, l'école sociétaire dont
Fourier était le fondateur, commençait sa propagation
par la presse périodique et la publication de livres élémentaires enseignant la doctrine de la SOLIDARITÉ
UNIVERSELLE, basée sur cette admirable et pratique
formule :

« *Association libre et volontaire du capital, du travail*
» *et du talent :*

» *Répartition proportionnelle au capital, au travail et*
» *au talent.* »

L'*Association*, ainsi pratiquée par *groupes et par série
de groupes*, doit, d'après Fourier, rendre le *travail* AT-
TRAYANT, résultat qui conduit non-seulement à l'accroissement et à l'amélioration des produits, mais encore à
l'accomplissement intégral de la destinée humaine par
la satisfaction légitime des besoins matériels, intellec-
tuels et moraux de l'homme, résultat enfin qui doit
faire régner l'harmonie sur la terre. Nous nous conten-
tons de donner ici les formules essentielles des deux
écoles Socialistes qui restent encore sur la brèche,
malgré leur mort apparente; elles procèdent, toutes les
deux, par la science, et n'ont eu, généralement, pour
adeptes que des hommes de savoir et d'étude.

Nous ne citons que pour mémoire les noms de Cabet
et de Louis Blanc, qui d'ailleurs ne vinrent que plus
tard. Les formules de ces réformateurs ne pouvaient
avoir d'influence que sur des esprits découragés par la
misère; aussi se virent-ils entourés par des masses de
travailleurs, admirables d'abnégation, qui, sans se rendre compte des formules communistes, abandonnaient
par ignorance et par désespoir, les principes de liberté
et d'égalité devant la loi proclamés par la révolution
de 1789. C'était encore une protestation inconsciente
contre la *liberté absolue*, une réaction qui tendait, non à
revenir aux anciennes corporations, mais à livrer corps
et biens, tous les travailleurs à l'État dont la fonction
était de *demander à chacun suivant ses forces*, et de
distribuer à chacun suivant ses besoins.

Nous venons d'esquisser à *grands traits* les idées et
les faits dominants dans les premières années qui sui-

virent la révolution de 1830. Les théories émises
par les écoles Saint-Simonienne et Sociétaire étaient
loin d'attirer à elles la bourgeoisie qui se précipitait à
la curée des places et qui par la haute position qu'elle
avait conquise dans la direction des affaires publiques,
ne songeait qu'à maintenir le nouvel ordre de choses
et surtout à protéger efficacement ses intérêts. L'Angleterre avait déjà commencé à réformer son tarif de
douanes et à permettre, avec des réductions de droits
progressives, l'importation de produits Français jusque
là prohibés. L'Industrie Française qui comptait un
grand nombre de ses membres à la chambre des dé-
putés, à la chambre des pairs et jusque dans les minis-
tères, se garda bien de suivre l'exemple de sa rivale.
Au lieu de diminuer des tarifs douaniers qui équiva-
laient presque à la prohibition, elle s'appliqua à les
maintenir comme le *seul moyen* de *protéger l'Industrie
nationale*. Elle connaissait la fibre sensible de la
bourgeoisie qui, à cette époque, redoutait avant tout
les émeutes ; aussi, tenait-elle celle-ci sous la menace
permanente de grèves et de coalitions ouvrières, si on
la forçait, par la diminution des tarifs douaniers, à
renvoyer ses travailleurs. C'était encore, sous l'empire
de *la liberté absolue*, le *monopole* déguisé sous la forme
de *protection nationale* et *philanthropique ;* c'était, en
réalité, l'exploitation du plus grand nombre par le plus
petit, ou si l'on veut, des consommateurs et des salariés
par les chefs de la grande industrie.

Cette organisation puissante, protégée par les douanes et par des lois répressives contre les grèves, eut
pour résultat une immense accumulation de valeurs et
de capitaux. La féodalité industrielle et financière était

constituée : il ne restait plus qu'à trouver l'emploi le plus lucratif des capitaux accumulés. C'est alors que les industriels, devenus capitalistes, comprirent tout le parti qu'ils pouvaient tirer de l'*association* des capitaux. — Des compagnies actionnaires puissantes furent organisées, et accaparèrent à leur profit les réseaux de chemins de fer qui sillonnent aujourd'hui la France. Les capitaux devenant insuffisants, on eut recours à l'emprunt sur *obligations*, qui n'est autre chose qu'un emprunt hypothécaire plus facile, plus immédiatement réalisable que les prêts hypothécaires sur la propriété territoriale, et plus alléchant surtout par un remboursement supérieur à l'émission.

C'est encore à cette époque qu'il faut rapporter la fondation de ces immenses associations capitalistes pour l'établissement à Paris des vastes bazars d'articles de nouveautés.

Les forges, les hauts-fourneaux, les houillères, les canaux, les assurances contre la grêle et l'incendie, sur la vie, les assurances maritimes, les constructions navales, les mines, le gaz, etc., devinrent matières premières du régime d'association actionnaire. Cette rage furieuse de spéculation, donna des résultats souvent heureux sans doute ; mais quelle ne fut pas l'importance des désastres !

Le régime de protection douanière avec la *liberté absolue du travail* et des transactions industrielles à l'intérieur, aurait dû nécessairement avoir pour conséquence la discussion possible des salaires entre patrons et ouvriers. Mais, les industriels ne pouvaient se résigner à renoncer volontairement au quasi-monopole dont ils jouissaient : ce n'étaient pas les corporations d'autrefois, nous le reconnaissons, mais nous ne voyons pas ce que les ouvriers avaient, jusque là, gagné au changement. Toute demande d'augmentation de salaire était systématiquement repoussée. Dans ces conditions, la victoire devait rester aux plus forts : les grèves et les coalitions, comprimées par des lois trop sévères, aboutissaient fatalement, après la prison et quelquefois après des luttes sanglantes, à la soumission forcée par la misère. Ces lois contre les grèves et les coalitions étaient et ne pouvaient être que le corollaire obligé de la *liberté absolue*. Triste et déplorable contrepoids !

Cependant, nous l'avons dit, les capitalistes s'étaient emparés de la formule sociétaire au profit d'un seul des éléments de toute production, *le capital*. L'état-major de l'Industrie l'avait repoussée vis-à-vis des ouvriers, et ne l'avait acceptée qu'en faveur de certains employés dont il pouvait redouter la concurrence. — Mais les formules des diverses écoles socialistes avaient germé dans l'esprit des classes ouvrières. Par le développement successif de l'instruction élémentaire, par la propagation orale et les publications de l'école sociétaire, les travailleurs commençaient à bégayer les mots d'*association libre* et *volontaire, et de répartition proportionnelle*. Ils pressentaient déjà les bienfaits de l'association en participation avec un minimum de salaire et une part proportionnelle dans les bénéfices. Mais pour le moment, l'association ne représentait pour eux qu'une idée d'espérance.

Bientôt après, éclata la révolution de 1848, révolution dont nous n'avons pas à apprécier ici la portée politique, mais dont le caractère social mérite d'être examiné.

Lorsqu'un propriétaire veut reconstruire sa maison, son premier soin doit être de dresser ou de faire étudier les plans de sa nouvelle demeure et de s'assurer d'un abri, en attendant qu'elle soit relevée. Il procède à un changement plus ou moins bien étudié et calculé d'avance, en vue de l'amélioration de son habitation, et du comfort qu'il désire. Si ce propriétaire a prévu toutes les conditions qu'il voulait remplir, tous les obstacles qu'il devait éviter, il agit par *évolution*. Si, au contraire, il se trompe dans ses calculs et dans ses combinaisons, s'il reste sans abri ; si, surtout il a poussé l'imprévoyance jusqu'à marcher au hasard et sans plan étudié, les obstacles viennent s'amonceler à chaque instant sous ses pas : il est puni par l'obligation de recommencer plusieurs fois les diverses parties de son œuvre, et par une perte de temps et d'argent. Il a dans ce cas, agi par *révolution*. Mais la faute étant toute personnelle, la punition ne frappe que lui seul.

Dans les faits politiques et sociaux, les fautes, de quelque côté qu'elles viennent, ont des conséquences autrement graves. Elles retombent violemment, non-seulement sur les gouvernements qui les commettent, mais encore sur les masses qui demandent, à tort ou à raison, des changements ou des modifications systématiquement refusés. Heureux les gouvernements qui savent, à propos, donner satisfaction aux tendances reconnues d'une nation ! Les révolutions sont le plus souvent provoquées, dans le but de changements, considérés par la masse du pays, comme améliorations politiques ou sociales. Depuis 1848, on n'en saurait douter, les questions sociales dominent les questions politiques. Les aspirations et les tendances sont toutes à la

recherche des moyens d'améliorer *pacifiquement* la
position matérielle, intellectuelle et morale des travailleurs : les fatales journées de mai et de juin 1848
et 1849 ont été une terrible leçon pour les vainqueurs
comme pour les vaincus. On sait que les révolutions
ont toujours une phase violente de destruction, de dé-
molition, et une phase de reconstruction, de réorganisation. Presque toujours, au lieu de précipiter l'application du principe qui les fait naître, elles la retardent
pour longtemps. La *Révolution* est le châtiment inévitable infligé à tout Gouvernement, rebelle aux réformes
réclamées par le développement de l'intelligence et les
aspirations et les tendances d'une nation.

Si, au lieu d'opposer une digue insurmontable à ces
tendances, le Gouvernement leur donne une certaine
satisfaction, c'est par l'*évolution pacifique* qu'il procède :
il fait acte de conservation pour lui et pour la nation
qu'il est appelé à diriger.

Dans le cas où l'essai d'une mesure politique ou
sociale ne répond pas aux espérances qu'elle avait fait
concevoir, il devient facile sans trouble et sans perturbation, de revenir sur ses pas, pour tourner ses
regards vers des moyens plus pratiques et plus effi-
caces.

D'après ce que nous venons de dire, on comprend
que nous nous prononçons carrément pour l'*évolution
pacifique* et contre les *révolutions* presque toujours
souillées de sang. — Les gouvernements qui se sont
succédé en France depuis 1789 sont presque tous
tombés pour n'avoir pas compris que l'immobilité est la
loi de la mort et non de la vie dans toutes les choses
de ce monde. Mais, revenons à la révolution de 1848.

Le premier cri qui s'échappa de la poitrine des travailleurs rappelait le principe proclamé par Turgot dans son rapport pour l'abolition des corporations : coïncidence étrange, en vérité !

« *Le droit de travailler*, disait le grand Ministre, *est* » *la propriété sacrée et imprescriptible du pauvre.* »

Droit au travail ! criait aussi le travailleur en 1848. Mais, au milieu du bouleversement général , ce cri venait entraver la réorganisation politique et arrêter le Gouvernement dans sa marche. Cet élément nouveau et inattendu était, à ce moment, d'autant plus redoutable que ni gouvernants, ni gouvernés ne pouvaient ni ne savaient en assurer l'application , même d'une manière incomplète. L'ancienne tribune de la Chambre des Pairs devint la tribune de l'*organisation du travail*. Là, furent étudiés et discutés toutes les questions, tous les procédés de nature à conduire à l'application immédiate du *droit* au travail. Ces discussions ne furent pas sans résultat : elles étaient d'ailleurs , comme les clubs politiques, une sorte de soupape de sûreté politique et sociale.

Ce qu'il y a de certain , c'est que ces discussions quelquefois orageuses, le plus souvent pacifiques, provoquèrent l'examen des théories des diverses écoles socialistes, exposées par leur chefs ou par leurs disciples. Le Droit au travail resta vainqueur et la masse des travailleurs, par l'organe de ses intelligents collaborateurs, qui assistaient et participaient aux discussions du Luxembourg , fut édifiée sur la valeur des divers systèmes d'organisation du travail. C'est après la dissolution de ces réunions qu'on vit, dans diverses industries, se former des associations ouvrières dont la

plupart furent dans l'impossibilité de se soutenir, moins
à cause des vices de leur organisation, que parce que
les affaires étaient suspendues, et que l'élément *capital*
manquait absolument à ces travailleurs associés. Le
Gouvernement vint bien en aide à quelques-unes d'entr'elles et nous en connaissons encore aujourd'hui,
fondées depuis cette époque, et qui sont en pleine
prospérité, malgré le renouvellement fréquent de leur
personnel.

D'un autre côté, quelques hommes d'élite et de cœur,
appartenant pour la plupart aux sciences, aux lettres,
aux arts, à l'industrie, à la magistrature, au barreau,
fondèrent à Paris le premier noyau de l'association
polytechnique, dont le but était d'agrandir le cercle
de l'instruction élémentaire des travailleurs. Des cours
réguliers furent institués pour la lecture, l'écriture,
l'arithmétique, la géométrie, l'algèbre, le dessin, la
comptabilité, la physique, la chimie, la mécanique, les
langues vivantes, etc., etc. Ces cours, suivis par une
foule d'ouvriers et d'employés de commerce, donnèrent, dès leur installation, les résultats les plus satisfaisants, tant au point de vue de l'élévation du niveau
de l'instruction qu'à celui de la moralité.

Nous ne pouvons résister au plaisir de citer ici un
fragment du discours prononcé par M. Menu de Saint-
Mesmin, secrétaire général de l'association polytechnique, discours dans lequel il rend compte des progrès
accomplis par cette institution.

« Tous les soirs, dit-il, un grand nombre d'ouvriers
» se groupent autour de nos chaires..... Les soirées
» d'hiver sont longues et tristes pour qui est désoc-
» cupé ; les tentations s'offrent nombreuses : et d'ail-

» leurs les distractions les plus simples, les plus
» innocentes ne se procurent pas sans quelques petits
» frais. Que chacun de nos auditeurs, si nos cours
» venaient à disparaître, hypothèse toute gratuite,
» Dieu merci, dépensât à peu près, n'exagérons rien,
» 25 centimes par soirée, cela donne pour l'année
» scolaire (l'association compte 200 cours par jour
» dans le département de la Seine) 300,000 francs.
» 300,000 francs ! quelle épargne conquise sur l'oisi-
» veté par l'étude ! Et pour combien faut-il compter
» le capital amassé, chez la foule studieuse, par le
» développement de l'intelligence? L'association poly-
» technique offre donc l'exemple d'une société assez
» habile pour pouvoir, en restant honnête, avec un
» capital relativement faible, ou plutôt le revenu sans
» capital, distribuer, chaque année, des dividendes dont
» les éventualités sont sans mécomptes, les espérances
» sans réductions perturbatrices, les profits assurés et
» sans limites fixées, et qui satisfont à la fois l'intérêt
» et la morale !
» N'est-ce pas un spectacle consolant, a dit M. Menu
» de St-Mesmin en terminant, que celui qu'on découvre,
» sans sortir du coin de terre que défriche patiemment
» notre société? L'astre des idées libérales surgit et
» éclaire le monde. L'initiative privée prend son essor;
» le principe de l'association vivifie les créations nou-
» velles; la dignité humaine se relève; le travail est
» glorifié; l'avenir est au meilleur et au plus digne! »
Ces nobles paroles ont-elles besoin de commentaires?
Ces magnifiques et consolants résultats ne sont-ils pas
plus qu'une espérance pour les maîtres comme pour
les élèves? Ne sont-ils pas, en un mot, la consécration

vivante du principe de solidarité pour la mise en pratique de l'association des cœurs et des intelligences?

A côté de cette utile et puissante institution, d'autres sociétés se sont fondées dans le même but et obtiennent les mêmes résultats. Honneur donc à ces propagateurs infatigables de l'instruction populaire ! honneur aussi à leurs élèves déshérités de la fortune, et avides d'élever leur intelligence au niveau du dévoûment de leurs maîtres !

Grâce aux largesses intellectuelles de ces institutions, les travailleurs marchent chaque jour à la concentration de leurs forces pour arriver à l'*association en participation*. Ils ont compris que le capital est l'élément propulseur de la production ; que, sans lui, le travail reste esclave, et le talent sans utilité possible. Aussi, après des essais souvent infructueux, et toujours pénibles d'association du travail et du talent seuls, ils en sont arrivés à organiser par eux-mêmes et pour eux-mêmes des sociétés de *crédit mutuel au travail*. Les sociétés coopératives pour l'achat et la vente des denrées de première nécessité, n'attendent plus que la loi qui leur donnera la possibilité de se constituer.

C'est avec bonheur que nous signalons ces tendances intelligentes des travailleurs ; mais il est juste aussi de constater les efforts tentés par les patrons pour améliorer la position de leurs ouvriers et les faire participer en quelque sorte à leur prospérité.

Les départements du nord et de l'est de la France nous offrent à cet égard de nombreux exemples connus de tous ceux qui s'occupent de l'amélioration sociale des classes ouvrières ; partout, dans ces heureuses contrées, l'initiative privée a fondé des écoles, des cours pour les adultes, des bibliothèques populaires. L'établissement de ces institutions a été le point de départ commun, combiné avec les sociétés de Secours Mutuels et l'amélioration des logements, de la nourriture et des vêtements de l'ouvrier.

Nous choisissons entre tous les exemples que nous pourrions citer, un établissement appelé le *Familistère* par son fondateur, M. Godin-Lemaire, fabricant de fourneaux-économiques à Guise (département de l'Aisne), où il possède une fabrique occupant jusqu'à 1.200 ouvriers. C'est une histoire bien touchante que celle de cet honorable industriel ; et ce n'est pas sans une émotion profonde, sans une douce joie du cœur bien sentie, que nous l'avons lue vers la fin de 1865 dans la presse périodique. La description et le but du *Familistère* ont été décrits par l'un des rédacteurs de l'*Opinion Nationale*, M. Ch. Sauvestre, qui consacre chaque jour un zèle infatigable à la propagation de l'instruction populaire et à l'amélioration matérielle, intellectuelle et morale des travailleurs. Laissons-lui donc la parole pour la simple et noble histoire de M. Godin-Lemaire.

Après avoir donné une idée sommaire du *Familistère* :

« ... Il y a trente ans, dit M. Ch. Sauvestre, un jeune
» ouvrier des environs de Guise, presqu'enfant, quit-
» tait le pays avec sa lime et son marteau pour tout
» bien ; il allait faire son apprentissage à Paris. Jeté
» ainsi, à quinze ans, au milieu de la grande ville, il
» passa par bien des misères et sut ce que c'est que
» de manquer de pain. Plus tard, en faisant son tour de
» France, il apprit à ses dépens combien est dure par-
» tout la condition du prolétaire du travail manuel. Il

» en connut les oppressions, les désespoirs; il vit com-
» bien la misère est mauvaise conseillère ; combien il
» est difficile, même pour les meilleures natures , d'é-
» chapper parfois aux découragements et aux chutes
» qui en sont la suite funeste.

» Doué d'une âme fortement trempée , d'une intel-
» ligence supérieure , il sortit vainqueur de la lutte.
» Dieu l'avait d'ailleurs marqué du sceau de ces natu-
» res d'élite qui se font à elles-mêmes leur voie , et
» laissent derrière elles un profond sillon. Il revint dans
» son pays, et y créa un industrie nouvelle par la fa-
» brication de ces fourneaux-économiqnes qui rendent
» si grand service aux petits ménages. Sa maison pros-
» péra, grandit; il se vit un jour à la tête de 1200 ou-
» vriers. Mais il n'oublia jamais les leçons de la pau-
» vreté première, et, devenu grand manufacturier, il
» se souvint qu'il avait été ouvrier, et se dit que ceux
» qu'il employait étaient les *coopérateurs* de sa fortune.
» Leur salaire payé, il ne se crut pas quitte envers eux
» et résolut, aussitôt qu'il le pourrait. de faire pour,
» eux ce qu'il aurait été heureux qu'on eût fait pour
» lui, quand il était pauvre, et qu'il vivait du salaire
» quotidien.

» M. Godin-Lemaire, — c'est le nom de cet homme
» de bien, — s'est tenu parole, il a bâti le *Familistère*
» dont je viens de vous donner une idée générale, et
» bien imparfaite encore. Si cependant ce voyage au
» pays d'utopie, vous a plu, nous le recommencerons
» jusqu'à ce que le *Familistère* nous soit bien connu.
» Car il faut plus d'une causerie pour en déduire les
» combinaisons merveilleuses ; pour faire comprendre
» le soin qu'on a apporté à ménager l'amour de la

» *liberté* et le sentiment de la dignité, si faciles à frois-
» ser chez le travailleur, comme chez tous ceux qui
» souffrent, et qui, sans s'en rendre parfaitement
» compte, ont cependant la persuasion intérieure que
» leurs souffrances sont imméritées, qu'ils sont sous
» le poids d'une fatalité injuste et aveugle.

» Je ne puis en ce moment exprimer ce respect de
» la liberté que par un seul mot : il n'y a point de
» *réglement* au *Familistère*. — Point de réglement !!!

» Ceux qui y veulent venir y viennent, et sur les
» 700 ouvriers présents à cette heure dans les ateliers
» de l'usine de Guise, 199 seulement ont pris logement
» au *Familistère*. Mais le nombre s'en accroît chaque
» jour. L'ouvrier est défiant ; il a tant de raisons de
» l'être, et puis cela est si beau qu'on a de la peine à
» y croire. C'est l'histoire de tous les progrès.

» Un dernier mot. M. Godin-Lemaire n'a pas voulu
» seulement faire régner le bien-être autour de lui ; il
» a voulu créer un précédent. Aussi montre-t-il avec
» soin les comptes semestriels, desquels il résulte que
» le *Familistère*, amortissement déduit, lui rapporte
» 5 96 p. cent de dividende. »

Que pourrions-nous ajouter au récit de cette simple
histoire ? Aussi nous contentons-nous de la livrer telle
quelle aux réflexions des hommes d'intelligence et de
cœur. Mais nous avons excité la curiosité et nous entendons de tous côtés qu'on nous adresse cette question
bien naturelle d'ailleurs : qu'est-ce donc que le *Familistère* ? Nous avons eu la malheureuse chance d'égarer
les numéros du journal dans lesquels nous avions lu la
véridique et délicieuse description qu'en a faite M. Ch.
Sauvestre, nous n'avions eu le soin de garder ou pour

mieux dire de copier que les lignes qu'on vient de lire, pour conserver le nom du fondateur. Nous sommes donc obligé, quoiqu'à regret, d'avoir recours à notre mémoire et nous le regrettons d'autant plus que le lecteur y perdra sous tous les rapports.

Le Familistère est un vaste édifice, composé de trois étages au-dessus d'un rez-de-chaussée, et destiné à fournir, moyennant un faible loyer, aux ouvriers et à leur famille des logements propres, aérés, salubres, ayant toutes les commodités d'utilité générale qu'on ne trouve pas toujours dans les opulents hôtels de nos cités. C'est une sorte de palais, dont les quatre côtés élégamment construits, malgré leur simplicité, forment à l'intérieur une immense cour de 45^m de longueur sur 20^m de largeur, soit une surface de 900 mètres carrés. Cette cour dont le sol est enduit d'un ciment destiné à entretenir la propreté, est couverte au-dessus des quatre étages d'une charpente, en fer, vitrée sur toute sa surface : ce qui lui donne l'apparence d'une immense salle plutôt que celle d'une cour ordinaire.

A chaque étage, et sur les quatre faces de la cour, on voit des rues-galeries. Les portes des logements s'ouvrent sur ces rues-galeries auxquelles on arrive par des escaliers pratiqués dans les angles du palais. Une machine à vapeur, tout en rendant des services communs à tous les locataires, leur fournit l'eau chaude pour les bains gratuits et distribue en même temps l'eau nécessaire à la consommation. Les immondices à chacun des quatre étages, sont jetées dans de larges conduits à soupape, lesquels sont en communication avec des fosses réservées dans la partie inférieure du bâtiment. Chaque jour, cette fosse est nettoyée et le contenu est utilisé comme engrais.

De dix en dix mètres s'élèvent, de la base au sommet, des murs assez épais pour concentrer les incendies possibles dans chacun de ces espaces restreints. La pompe de l'établissement est là d'ailleurs, et les bras ne manquent pas pour s'en rendre maîtres promptement.

Au milieu de chaque compartiment de dix mètres et du côté des rues-galeries, on a pratiqué une porte donnant accès à un petit vestibule, sur lequel s'ouvrent à droite et à gauche deux portes servant d'entrée à deux logements divisés, en arrière du centre du vestibule, par deux cloisons espacées, ayant pour but de séparer et d'assourdir les deux logements contigus. L'espace resté vide entre les cloisons est utilisé, par moitié, pour des placards destinés à chacun des locataires du compartiment.

Chaque logement se compose de deux pièces prenant l'air et la lumière, d'un côté sur la campagne, de l'autre sur la rue-galerie. Elles sont munies de cheminées ou de poëles. Il y a dans l'établissement des sous-sols destinés à contenir les objets encombrants appartenant aux locataires. On y trouve encore des magasins de denrées alimentaires achetées en gros et vendues sans fraude, à prix de revient ; un restaurant où les ouvriers garçons peuvent prendre leurs repas et où le père de famille peut acheter pour lui et ses enfants une nourriture saine, substantielle et économique. Les salles de réunion du soir, la bibliothèque, la salle de lecture et même un débit de bière, croyons-nous, ont été l'objet de la sollicitude du fondateur.

Les enfants n'ont pas été oubliés : afin de justifier le titre de *Familistère* donné à cette fondation philanthropique., M. Godin-Lemaire a établi un *Pouponnat*, sorte de crèche où les mères peuvent, chaque jour, venir déposer leurs enfants dans des berceaux propres et qui ne sont pas sans une certaine élégance : ce qui leur permet, soit de vaquer à leurs affaires de ménage, soit d'accomplir un travail lucratif. Les poupons sont visités chaque jour par le médecin et confiés à la garde et aux soins de femmes spécialement attachées au *Pouponnat*.

Après le Pouponnat, vient naturellement le *Bambinat* qui correspond à ce que nous appelons du triste nom de Salle d'Asile. Des soins intelligents, et une sorte d'ébauche d'instruction sont prodigués à ces enfants, ou, pour nous servir de l'expression consacrée, à ces bambins du Familistère.

Enfin, l'école reçoit les enfants des ouvriers à leur sortie du bambinat. Il y a une école de filles et une école de garçons. Le nombre des enfants reçus au pouponnat, au bambinat et à l'école, était de plus de deux cents en octobre 1865.

Nous oublions très-certainement une foule de détails intéressants : mais on conviendra, d'après ce que nous venons de dire, que le Familistère est une institution précieuse pour les ouvriers et honorable, en même temps que lucrative pour le patron qui fait ainsi participer ses coopérateurs à sa prospérité. Ne négligeons pas d'ajouter que le prix des loyers, y compris tous les avantages attachés aux logements, sont peu élevés, puisqu'il ne dépassent pas, si notre mémoire nous sert bien, de 11 fr. à 16 fr. par mois suivant l'étage.

Dans un temps qui n'est peut-être pas éloigné de nous, ne pouvons-nous pas espérer de voir les sociétés

ouvrières, organisées en mode d'association en participation, faire pour elles-mêmes ce qu'un homme de cœur
a exécuté pour ses ouvriers? Les sociétés coopératives
ne seront-elles pas un acheminement naturel vers le
Familistère par l'économie et par conséquent par l'épargne? L'association est un levier si puissant, que nous
avons la certitude de voir se réaliser par les ouvriers
eux-mêmes ce qui n'est encore qu'une utopie pour eux.
Nous sommes d'autant plus autorisé à cette certitude,
que l'utopie réalisée par M. Godin-Lemaire, si elle ne
trouve pas d'imitateurs parmi les patrons, servira
d'exemple et d'encouragement aux sociétés ouvrières
pour la réaliser à leur profit. L'association en participation est la nouvelle loi du travail humain.

Ainsi comprise, l'association est une garantie d'ordre, de concorde et de paix. Elle avance chaque jour
dans la voie que la science économique lui a ouverte.
Elle a pu, dans son enfance, trébucher : comme l'enfant qui essaie ses premiers pas trébuche à un grain de
sable. Mais aujourd'hui qu'on la laisse marcher librement, elle saura bien trouver les lois, les contrepoids
qui garantiront la liberté individuelle et l'intérêt collec-
tif. Elle parviendra pacifiquement à son but, pourvu
qu'on ne lui oppose pas l'obstacle de l'*immobilité*, et
qu'on donne avec prodigalité aux travailleurs patrons
et ouvriers la possibilité de se réunir et de s'entendre.
L'association est plutôt le préservatif que le remède
des révolutions.

Nous n'en finirions pas si nous voulions citer tous
les essais d'association tentés en France depuis la révolution de 1848. Il ne nous en coûte même pas de
convenir que le gouvernement impérial a plus fait et

laissé faire que les gouvernements qui l'ont précédé au point de vue social, c'est-à-dire pour l'amélioration matérielle, intellectuelle et morale des travaillleurs.

Parmi les mesures importantes qui présentent le caractère d'un progrès social, nous citons avec bonheur, l'institution de la Caisse des retraites pour la vieillesse, les encouragements accordés aux sociétés de Secours Mutuels déclarées d'utilité publique, la nouvelle loi sur les coalitions, celles en projet sur les sociétés coopératives, enfin la réduction du tarif des douanes qui est un acheminement à la pratique du libre échange.

Sans doute l'impulsion eût pu être plus grande : l'enseignement professionnel, par exemple, l'extension plus large du droit de réunion pour les patrons comme pour les ouvriers, pouvaient amener des progrès plus rapides dans l'organisation industrielle. Mais en somme, les résultats obtenus, sous le gouvernement impérial, nous paraissent plus effectifs du côté social que du côté politique. — Nous sommes d'autant plus à l'aise pour le reconnaître, que nous avons toujours été et que nous sommes encore libre de toute attache et de tout culte politique. — Nous cherchons, avant toutes choses, à rendre à César ce qui appartient à César, et à Dieu ce qui est à Dieu.

Nous venons d'exposer aussi rapidement que possible les diverses phases parcourues par l'Industrie, depuis les dernières années qui précédèrent la grande révolution de 1789 jusqu'à nos jours. Si nous avons glissé sur les institutions et les faits principaux qui jusqu'à 1848 ont laissé des traces vivantes de leur passage, nous avons dû, à partir de cette époque, examiner avec plus de détails les faits et les institutions de nature à nous indiquer sûrement les tendances de tous les coopérateurs de l'industrie actuelle. — Nous n'ignorons pas que ce travail est fort incomplet : mais comme nous avions moins à écrire l'histoire de l'Industrie qu'à planter des jalons pour diriger nos recherches, et nous conduire au but que nous nous sommes proposé, nous avons dû, quelquefois à dessein, plus souvent à regret, mettre un frein à la tentation qui nous poussait à élargir notre cadre.

En résumé, nous avons vu les corporations constituer une institution de liberté oppressive en faveur des maîtres, d'esclavage pour les ouvriers. — Les salariés devenus libres en 1789 comme leurs anciens maîtres, retomber encore, en passant par le régime de la liberté absolue du travail et des transactions intérieures, sous la puissance de la féodalité financière et industrielle, conséquence des lois prohibitives, sous prétexte de protéger l'Industrie nationale. — Cette protection, si elle avait été nécessaire et en quelque sorte légitime pour un temps, en était arrivée à enrichir les patrons producteurs, au préjudice de leurs coopérateurs ouvriers, privés de tout appui pour le maintien, et au besoin pour l'augmentation des salaires, au préjudice aussi des consommateurs obligés de payer fort cher des produits qu'ils auraient pu obtenir à meilleur marché.

Nous avons vu la Banque de France prêter à l'Industrie et au Commerce le concours du crédit par son papier-monnaie. C'est surtout à cette utile institution que l'Industrie doit le plus puissant moteur de sa prospérité. Elle fut la cause première des recherches et des découvertes de la Science et des Arts appliqués à l'Industrie. Elle fut le plus utile auxiliaire des progrès accomplis ; elle fut, en un mot, le point de départ, le moyen le plus actif de l'immense accroissement des valeurs industrielles, accroissement que M. le comte de Beaumont évalue, en 60 ans, de un à cinquante milliards, tandis que l'Agriculture, pendant la même période, n'a augmenté les siennes que de 33 p. 0/0.

Nous avons enfin signalé les tendances des patrons et des ouvriers de l'Industrie, les améliorations accomplies dans l'instruction populaire et dans les institutions basées sur l'association. — De tous ces faits, nous arrivons à conclure que le mode d'association généralement accepté aujourd'hui est celui de l'école sociétaire qui le formule ainsi :

Association libre et volontaire du capital, du travail et du talent.

Répartition proportionnelle au capital, au travail et au talent.

Les ouvriers des villes, plus éclairés que ceux des campagnes, avaient justement pressenti que parmi les idées des écoles socialistes, qui toutes avaient pour but l'amélioration matérielle, intellectuelle et morale des travailleurs, ils trouveraient la solution si longtemps désirée de leur affranchissement définitif. Le socialisme avait donc fait invasion dans l'esprit des masses, comme autrefois la liberté. Il eut à lutter contre des préjugés, contre la force : la lutte fut courte, terrible et sanglante. C'était le baptême du sang : il ne devait pas mourir.

Le socialisme des ouvriers des villes était d'abord un faible ruisseau coulant sur un terrain sans pente, couvert de ronces et encombré de plantes parasites. Peu à

peu il grandit. On arrêta son cours par des obstacles.
Les eaux montaient, l'obstacle fut élevé : les eaux montaient encore, au point qu'un jour les digues impuis-
santes furent rompues sous la pression des eaux. Le
ruisseau devenu torrent avait tout dévasté sur son passage et s'était creusé au milieu des ruines un lit large
et profond. Telle était la phase révolutionnaire du socialisme. Enfin, aujourd'hui ce torrent devenu fleuve
majestueux, roule ses flots paisibles dans une plaine
qu'il fertilisera de sa fraîcheur et de son limon. Tel est
en ce moment le socialisme accomplissant sa phase
d'évolution après avoir trouvé sa voie dans l'association.

Nous avons déjà dit que le Gouvernement Impérial
avait plus fait du côté social, par conséquent du côté
du socialisme, que du côté politique. Tout en regrettant
qu'il n'ait pas donné une part plus large au droit de
réunion, même en dehors de la politique, nous trouvons une nouvelle preuve de notre appréciation dans
un passage du discours prononcé par l'Empereur à
l'ouverture de la session législative de 1866. — Voici
ce passage cité dans une circulaire en date du 12 février 1866, de M. le Ministre de l'Intérieur aux Préfets
à propos des demandes d'autorisation pour se réunir :

« J'ai décidé, dit l'Empereur, que l'autorisation de
» se réunir sera accordée à tous ceux qui, en dehors
» de la politique, voudront délibérer sur leurs intérêts
» industriels et commerciaux. Cette faculté ne sera
» limitée que par les garanties qu'exige l'ordre pu-
» blic. »

Nous sommes loin d'avoir accompli notre tâche ; il
nous reste à examiner encore la situation de la pro-

priété foncière et de l'Industrie agricole et à chercher la raison de son infériorité sur l'Industrie manufacturière. La prospérité industrielle et la prospérité agricole sont solidaires, et ne peuvent être, ainsi que nous l'avons vu, que le résultat d'institutions de crédit approprié à leurs besoins spéciaux, et de l'association en participation de tous les coopérateurs. Nous aurons enfin à rechercher s'il est possible d'appliquer à l'Agriculture les institutions qui ont fait la richesse de l'Industrie, à indiquer les causes générales de l'émigration des campagnes, et à formuler les remèdes qui nous paraîtront susceptibles de soulager les plaies profondes qui rongent depuis longtemps la propriété foncière.

CHAPITRE II.

Situation de la propriété foncière et de l'Agriculture.

Sommaire. — Les Propriétaires. — Les ouvriers des campagnes. — Leur condition matérielle, intellectuelle et morale. — Causes de l'émigration des campagnes. — Institutions fondées en faveur de l'Agriculture. — Crédit foncier, — Echelle mobile. — Le sol considéré comme capital et comme instrument de travail. — Conditions essentielles du Crédit foncier. — Ce qu'il doit être.

Pour écrire l'histoire de la propriété foncière et de l'Agriculture, il faudrait une plume plus autorisée que la nôtre, et surtout des connaissances très variées et très étendues auxquelles nous avouons très humblement et très sincèrement n'avoir aucune prétention. D'ailleurs, tel n'est pas le but de notre étude. Nous glisserons, en conséquence, sur les faits antérieurs à l'année 1789 en ce qui touche à la propriété foncière et à l'Agriculture. — C'est seulement à partir de cette époque que nous chercherons les éléments qui nous serviront à préciser leur situation actuelle et leurs tendances vers une évolution inévitable, pour sortir du malaise qui les frappe depuis si longtemps.

Avant la révolution de 1789 la propriété du sol était, ce qu'elle a été, ce qu'elle sera toujours, le but de tous les efforts de l'activité humaine. L'humanité, en effet, reconnaît que le sol est si indispensable pour elle, que chacun de ses membres aspire à la possession d'une parcelle quelconque de ce *capital des capitaux*, *de cet instrument de travail indestructible* sur lequel le Créateur lui a, en quelque sorte, transmis ses pouvoirs.

Aussi ne faut-il pas s'étonner de le voir depuis les temps les plus reculés jusqu'à nos jours, l'objet de la convoitise des conquérants, des seigneurs du régime féodal, du clergé et de la noblesse d'autrefois. Car le sol était le pivot de l'autorité, du droit de rendre la justice, des priviléges, des redevances et de tant d'autres droits qu'il est inutile de rappeler ici. La possession par la conquête entraînait avec elle l'esclavage pour les vaincus : le régime féodal attachait les serfs à la glèbe, et, en cas de transmission de la propriété ou même de confiscation, les serfs restaient avec le sol la propriété du nouvel occupant. La noblesse et le clergé, avant 1789, conservaient encore sur leurs domaines des familles entières de travailleurs depuis longtemps fixées sur leurs terres : mais, sauf quelques abus, la condition de ces travailleurs était, il est juste de le dire, bien loin de celle qui les opprimait sous le régime féodal.

Toutefois, le régime de la conquête et le régime féodal, basés sur le droit du plus fort et du plus riche, ne pouvaient se soutenir que par des lois extraordinaires et exceptionnelles : et, comme l'autorité et la puissance étaient en rapport avec la possession territoriale, la confiscation des biens du plus faible par le

plus fort était le moyen légal souvent employé par le
seigneur envers le vassal et par les rois eux-mêmes
contre les grands vassaux rebelles. L'histoire fourmille
d'exemples de confiscations exécutées sur le plus léger
prétexte. Il ne faudrait pas remonter bien loin au-delà
de 1789 pour trouver des traces nombreuses de confiscations exercées contre la noblesse. Aussi, sans justifier
en aucune manière ce droit inique de confiscation, y
a-t-il lieu de s'étonner que la Révolution se soit arrogé
le droit de confisquer les biens du clergé et de la noblesse émigrée ou condamnée pour cause politique,
lorsque les seigneurs et l'ancienne monarchie elle-même
en avaient fait un si triste et si fréquent usage ?

Ainsi donc, avant la révolution de 1789, le sol était
l'apanage de la noblesse. Le droit d'aînesse en consa-
crait et en concentrait la possession au profit du fils
aîné de la famille. Ainsi se conservaient les priviléges
attachés à la possession du sol, priviléges que la Révolution abolit sans retour, comme elle avait aboli les
corporations et les maîtrises de la bourgeoisie.

En détruisant les priviléges attachés à la possession
et à la transmission du sol, la Révolution changea complétement la constitution de la propriété. Dès ce moment, il fut possible à tous les citoyens de devenir
propriétaires. La liberté absolue régna en souveraine
dans les conditions du travail agricole, comme dans
celui de l'industrie manufacturière. — On comprend
qu'un changement si brusque dans l'une des principales
institutions fondamentales de la société, devait jeter
l'Agriculture dans un dédale de difficultés, d'où il lui
était d'autant plus difficile de sortir, que les troubles de
l'intérieur et la guerre extérieure lui arrachaient les
bras indispensables à la culture du sol.

Les biens du clergé et les terres de la noblesse furent
vendus à vil prix ; et , malgré les décrets énergiques
des gouvernements révolutionnaires, une défaveur mar-
quée s'attacha à ces biens jusqu'à ce que la charte
de 1814 vint en affirmer la légalité définitive par l'abolition de la confiscation générale et la reconnaissance
légale de la vente des biens nationaux. C'est à la Restauration que revient l'honneur d'avoir aboli une loi
inique qui durait depuis des siècles, et dont la noblesse,
le clergé et la monarchie elle-même avaient été les
dernières victimes. La loi de l'indemnité promulguée
en 1825 au profit des émigrés et des condamnés politiques depuis 1789 jusqu'en 1814, vint compléter la
légitimité de possession des biens nationaux.

Les guerres du premier Empire continuèrent à priver
l'Agriculture des travailleurs arrachés à leurs travaux
pacifiques et occupés à cueillir des lauriers sur les
champs de bataille de l'Europe. Quels progrès pouvait
donc accomplir l'Industrie agricole, sans travailleurs
et sans capitaux ? Cependant, les besoins étaient si
grands, que, pendant la période pacifique de 1817 à
1830, à part quelques crises, l'Agriculture marcha
résolument dans la voie du progrès, et la valeur générale de la propriété acquit une sensible augmentation.

De 1830 à 1848, nous pouvons même dire jusqu'à
ce moment, la science a essayé de venir en aide à
l'Agriculture et de détrôner l'ignorance et la routine,
au moyen de méthodes de culture rationnelles. La mécanique est venue également lui prêter le concours de
ses forces : et l'on peut supposer quels progrès auraient été accomplis, si un obstacle, jusqu'ici invin-
cible, n'en avait arrêté l'impulsion. Il faut bien le

reconnaître, la propriété foncière et l'Agriculture ne
pouvaient pas profiter des bienfaits de la science et
de la mécanique, par cette unique raison que *le crédit
à long terme et à bon marché* leur manquait. Il n'y
avait plus moyen d'emprunter sur des propriétés déjà
grevées de lourdes hypothèques : la source du crédit,
même onéreux, était tarie.

Cependant, les ouvriers de l'agriculture, attirés par
le prix des salaires de l'industrie manufacturière, dé-
sertaient nos campagnes. Le prix de revient des denrées
agricoles s'élevait, tandis que les prix de vente variaient
dans des proportions effrayantes ; il était naturel de
penser que les propriétaires, au lieu de se croiser les
bras et de s'abandonner au hasard, dans l'espérance de
temps meilleurs, auraient cherché les causes de cet état
de choses si déplorables. Mais non ; ils sont restés im-
mobiles, pétrifiés presque, et comme écrasés sous le
poids de la ruine qui les menace. Enfin, abattus par le
désespoir, ils s'adressent au Gouvernement, et demandent une enquête, à laquelle, il y a lieu de le craindre,
la plupart d'entr'eux resteront étrangers. Nous sommes
convaincu, pour notre part, qu'ils attendront qu'une
nouvelle manne céleste tombe du ciel : ils pourront attendre longtemps s'ils n'ont pas plus d'initiative. C'est
à eux de chercher le remède ; le Gouvernement les se-
condera de tout son pouvoir, nous n'en doutons pas.

Nous avons dit, au commencement de ce chapitre, que
les tendances actuelles de la propriété foncière et de
l'agriculture sont dirigées vers une évolution inévitable. Cette évolution doit avoir pour objet de faciliter et
de modifier profondément les procédés d'exploitation du
sol et les conditions du travail. C'est une organisation

— 51 —

nouvelle qui se prépare, on ne peut se le dissimuler.
Cette organisation aura pour *point de départ le crédit à
long terme et à un taux au-dessous de la quotité du
revenu, et pour moyen l'association en participation* de
tous les coopérateurs de l'industrie agricole. C'est seulement, lorsque ces deux conditions principales seront
remplies, que la science et la mécanique pourront être
appelées à prêter leur utile concours à la production
agricole. — On peut nous objecter que le petit propriétaire fait, relativement, rapporter à son champ plus que
le grand propriétaire à un vaste domaine, nous ne le
contestons pas : mais est-ce une raison pour conclure
qu'on ne puisse pas mieux faire? Le petit propriétaire
ne marchande ni son temps ni sa peine. Il ne perd pas
de vue un seul instant la parcelle de terre qu'il cultive
avec intérêt et avec amour. En est-il de même du grand
propriétaire? Hélas!.....

Le morcellement est, suivant nous, un moyen de
transition de la grande propriété exploitée au profit d'un
seul, à l'association des forces et des intelligences ap
pliquées à l'exploitation de la propriété associée et se-
condées par le crédit, la science et la mécanique. — Il
jouit de l'avantage de diviser le sol de façon à intéres-
ser le plus grand nombre à une meilleure exploitation
et à un rendement plus considérable. — Le morcellement est le chemin le plus direct de l'association.

Outre les causes très nombreuses du malaise général
de la propriété foncière et de l'agriculture, il en est
une importante que nous croyons devoir soumettre à
l'appréciation du lecteur. L'industrie agricole et l'industrie manufacturière sont solidaires l'une de l'autre, personne ne le contestera. —Si celle-ci a augmenté ses va-

leurs dans la proportion de 1 à 50, depuis soixante ans, et celle-là seulement de 33 p. 0/0 dans le même temps, ne faut-il pas conclure que l'*équilibre* qui n'existe plus dans *les produits, dans les conditions du travail, et surtout dans le loyer du capital*, ne saurait exister dans leur prospérité commune? L'industrie manufacturière et l'industrie agricole nous produisent l'effet de deux compagnons de voyage se dirigeant vers un même but : l'un bien nourri, bien chaussé, vigoureux, énergique, ayant acquis par des exercices gymnastiques bien calculés, et une hygiène raisonnée, l'élasticité nécessaire à tous les organes; l'autre, mal nourri, nu-pieds, flasque, haletant, s'arrêtant épuisé à la première étape et contemplant d'un œil morne et éteint son alerte compagnon qui suit sans fatigue le chemin du travail.

Cette disproportion dans la valeur des richesses de l'industrie et de l'agriculture, aurait dû faire ouvrir les yeux aux propriétaires fonciers. Ils auraient dû chercher, et très certainement ils auraient découvert les causes de cette infériorité. Ils auraient pu s'apercevoir que l'industrie manufacturière en est arrivée depuis longtemps à organiser son crédit et à entourer ses coopérateurs d'une certaine sollicitude pour se les attacher et les tenir constamment à son service. Ils auraient vu combien l'ouvrier industriel et sa famille sont plus heureux que les travailleurs des campagnes. Ils auraient compris que le bonheur champêtre a des charmes pour l'homme privilégié de la fortune , mais que les privations de toute sorte restent encore l'apanage de l'ouvrier des champs.

Loin de nous la pensée de jeter sur les propriétaires l'intention calculée de maintenir les ouvriers des cam-

pagnes dans cet état déplorable. Il nous paraît plus juste
d'attribuer cette espèce d'abandon à l'ignorance des
moyens susceptibles d'améliorer cette position. L'enquête, si elle est faite d'une manière complète, doit tenir compte des besoins de nos travailleurs agricoles.
Peut-être alors les propriétaires s'aviseront-ils qu'ils ont
le devoir et le plus grand intérêt à veiller à l'amélioration matérielle, intellectuelle et morale de leurs coopérateurs.

Nous ne voulons pas dire que rien n'a été fait dans
cette voie, comme dans celle des progrès de l'Agriculture : car, nous nous plaisons à reconnaître que, sous
certains rapports, l'Agriculture possède quelques institutions utiles et dont nous apprécions toute l'importance ; elles sont toutes une application du principe
d'association dans l'ordre des idées et des expériences.
Telles sont la société impériale et centrale d'Agriculture
à Paris, les sociétés départementales, les instituts et
comices agricoles, les chambres d'Agriculture, les
fermes modèle, les concours régionaux, etc., etc.; nul
ne peut révoquer en doute les progrès qu'elles ont
provoqués, et qui ont été accomplis par leur louable
initiative. Nous reconnaissons que la propagation des
connaissances et des expériences acquises a fait faire
un pas relativement immense, surtout à certaines cultures et à l'élevage et à l'amélioration des races bovine,
ovine et porcine. Mais est-il possible que de simples
conseils puissent conduire l'agriculteur dans la voie la
plus large de tous les progrès pratiques, lorsqu'il lui
manque, ce qu'on appelle avec raison, le nerf de la
guerre et de la paix ? Pour la plupart des propriétaires-
agriculteurs, les publications des sociétés d'Agriculture

sont ignorées. Pourquoi chercheraient-ils à connaître les meilleurs procédés de culture lorsqu'il leur est impossible, faute d'un crédit facile et économique, de faire les dépenses nécessaires pour les mettre en pratique?

Est-il permis de supposer, en conséquence, que les sociétés d'Agriculture, les fermes-modèle, les concours cantonnaux, départementaux et régionaux rendent tous les services qu'on est en droit d'attendre de leurs publications et de leur propagation? Il y a très certainement des progrès accomplis, nous l'avons dit tout-à-l'heure. C'est par les membres de ces sociétés et par un très petit nombre de propriétaires qui lisent assidûment les bulletins et les journaux d'Agriculture, que s'opère, partiellement, l'application des expériences recommandées. Mais quel intérêt, quelle activité, quelle intelligence le travailleur des champs apporte-t-il à ces nouveaux procédés, lui que l'ignorance rend rebelle aux meilleures innovations? A quoi lui servent ces publications qu'il ne sait même pas lire, et qu'il ne comprend pas? Il faut bien l'avouer : il y a, malheureusement encore, trop de propriétaires portés à croire que l'enseignement de la lecture, de l'écriture et du calcul a été la seule cause de la désertion des ouvriers de la campagne ; ils en concluent qu'il faut supprimer l'instruction. Ils ne s'aperçoivent pas que cette désertion a une foule de causes que nous signalerons tout-à-l'heure en poursuivant l'examen de la situation de l'Agriculture. Ils ne voient pas que cette instruction élémentaire n'est que l'instrument destiné à compléter le développement de l'intelligence des travailleurs par l'*éducation professionnelle*.

Ce que personne n'a le droit de contester, c'est que

tout travail fait sans intelligence est toujours mal exécuté ; tandis qu'au contraire tout travail, intelligem-
ment accompli, améliore les produits, soit qu'il s'agisse
de produits agricoles, soit qu'il s'agisse de produits
industriels. Quel est donc le degré d'intelligence appliqué aux travaux des champs par les malheureux ignorants qui les accomplissent ? Il suffit de jeter un regard
sur leur condition générale, et d'examiner leur position
au triple point de vue *matériel*, *intellectuel* et *moral*.
C'est un tableau fort triste et très sombre à faire, nous
ne nous le dissimulons pas : mais nous en atténuerons
les teintes autant que nous le pourrons, préférant que
le lecteur nous trouve en-deçà plutôt qu'au-delà de la
vérité.

Occupons-nous d'abord du logement. Quiconque a
visité nos campagnes, a pu remarquer que la plupart
des métairies et des fermes sont loin d'être construites,
nous ne dirons pas au point de vue du comfort le plus
rustique, mais seulement à celui d'un logement sain et
remplissant les lois les plus élémentaires de la salubrité. Nous avons vu le plus souvent le père, la mère
et les enfants de tout âge, coucher dans la même
chambre, dont le sol n'est garni ni de dalles, ni de
planches, ni de briques. La terre nue en fait tout l'or-
nement, et il est impossible de faire les lavages salu-
taires qui entretiendraient la propreté, à moins de se
résigner à vivre sur un sol et dans un air toujours
humide ; de là ces fièvres pernicieuses et persistantes
qui déciment nos populations rurales. Ces chambres
sont généralement basses, et par suite la quantité d'air
respirable est insuffisante pour les quatre ou cinq
personnes qui y couchent. Il est vrai que les portes et

les fenêtres ferment mal , que le plancher supérieur est mal joint : ce qui , pendant l'été peut être un agréable palliatif ; mais, durant les nuits longues et glacées de l'hiver, le froid pénètre par toutes les fentes que les chaleurs de l'été ont agrandies ; la vaste cheminée donne accès de son côté à une colonne d'air glacé; ce sont alors des courants d'air froid qui s'entrecroisent et dont nos travailleurs ont de la peine à s'abriter eux et leurs enfants ; il n'est pas rare de voir l'une des portes de la chambre communiquer avec l'écurie des bœufs ou des chevaux. On peut dès lors comprendre les funestes effets des émanations ammoniacales et de l'odeur nauséabonde et délétère des déjections animales. Tels sont , en général , les logements affectés aux travailleurs des campagnes. Il est juste de dire que cet état de négligence dans les logements se manifeste aussi bien chez la plupart des petits propriétaires de parcelles; nous ne parlerons que pour mémoire des domestiques et quelquefois des enfants des métayers ou des maîtres-valets qui couchent *habituellement* dans l'étable pour veiller sur les bêtes pendant la nuit.

Nous n'ignorons pas qu'il existe dans les villes des conseils de salubrité publique , chargés de rechercher et de signaler à l'autorité les habitations et les logements malsains ou insalubres. Nous ne savons pas s'il en existe pour les campagnes , mais à coup sûr, ils auraient beaucoup à y faire ; s'ils n'existent pas , ne serait-il pas urgent et juste de les créer ?

Si nous passons à la nourriture , nous avons remarqué que le travailleur des champs est loin de se nourrir comme l'ouvrier de l'industrie. Le premier ne mange jamais de pain fait avec le froment pur, qui est toujours mêlé à une certaine quantité de maïs, d'orge, de seigle, etc. , etc. La viande de boucherie, et l'usage habituel du vin, même dans les contrées vinicoles, lui sont à peu près inconnus, si ce n'est à l'époque de la fête du village, ou lorsqu'il vient à la ville apporter des provisions chez son maître, il ne connaît que la viande de porc salé; quant à la volaille qui lui revient pour sa part, il est obligé de la vendre ainsi qu'une partie de son froment. Comment suffirait-il autrement à ses besoins et à ceux de sa famille? Nous supprimons ici les détails que nous avions écrits au sujet de la nourriture des ouvriers des campagnes. On appréciera cette réserve.

Quelle force, quelle énergie est-il possible d'obtenir de travailleurs ainsi logés et soumis à une nourriture débilitante? Que peut-on exiger d'eux, en l'absence de toute force physique, et par suite de toute aptitude à développer l'intelligence? Si on nous oppose que les paysans sont plus robustes que les ouvriers des villes, nous répondrons que l'abus des plaisirs peut quelquefois altérer la santé d'un petit nombre de ces derniers; mais en général, et quoique attachés à un travail rude et plus uniformément soutenu, ils jouissent d'une santé plus robuste, et leur intelligence est plus développée : il est constant que les ouvriers de l'industrie perdent moins d'enfants que les travailleurs des champs, parce qu'ils les entourent de plus de soins. Il ne reste dans nos campagnes que les enfants qu'un tempérament exceptionnel a fait résister à l'insalubrité du logement, à l'insuffisance de nourriture et de vêtements.

A coup sûr, les vêtements de l'ouvrier des champs

ne peuvent pas passer pour luxueux. Si depuis 40 à 50 ans il y a une amélioration de ce côté, c'est aux procédés économiques, aux prodiges de fabrication de l'industrie qu'on la doit, plutôt qu'à l'augmentation des salaires et de l'aisance des paysans ; mais ces pauvres diables ont-ils quelquefois seulement le nécessaire pour satisfaire aux plus modestes exigences de la propreté ? Certes, nous ne demandons pas pour eux le superflu, mais qui aurait le cœur assez endurci pour ne pas désirer qu'ils aient *au moins* le nécessaire, *l'absolu nécessaire* ?

Le premier besoin pour tout être humain, en ce monde, est d'être logé sainement, d'être convenablement nourri, d'être vêtu proprement, toutes choses qu'il doit pouvoir se procurer par son travail. Cette satisfaction de ces trois besoins principaux, les ouvriers de l'industrie sont parvenus par leur travail, leur intelligence et avec l'aide d'un grand nombre d'hommes de cœur, à se les procurer jusqu'à une limite qui dépasse de beaucoup celle que les ouvriers des champs ont atteinte ; ils cherchent même, en ce moment, par l'association, à étendre cette limite et à parvenir au superflu et à la propriété. Qu'on y prenne garde ! Il y a tout à faire pour les ouvriers des champs. Dés désirs, des aspirations se manifestent parmi eux ; témoins, l'émigration des campagnes.

Dans une pareille situation et malgré la faible augmentation des salaires de nos travailleurs du sol, a-t-on le droit de s'étonner que ces ouvriers soient attirés dans les villes et dans les établissements industriels où ils trouvent des salaires plus considérables, une nourriture plus substantielle et plus variée, des vêtements plus confortables et à bon marché, des sociétés de secours mutuels et dans tous les cas des consultations et des remèdes gratuits, des caisses d'épargnes à leur porte, des salles d'asile, des écoles gratuites, des ateliers d'apprentissage pour leurs enfants, des distractions et des plaisirs, toutes choses qu'ils ne rencontrent pas dans nos campagnes? Qui donc, en présence de toutes ces garanties, de ce *quasi bien-être relatif* de l'ouvrier de l'industrie, de ces attraits des choses nécessaires à la vie et des plaisirs si puissants sur le genre humain, pourrait avoir assez d'abnégation pour se consacrer, par dévoûment, à des travaux pénibles, souvent répugnants, toujours mal rétribués et qui ne permettent ni la moindre épargne, ni même une lueur d'espérance pour l'avenir?

Nous aurions beaucoup à dire encore au point de vue du bien-être et des besoins matériels absolument nécessaires aux travailleurs des campagnes. Nous trouverons dans le cours de ce travail, l'occasion d'y revenir : aussi nous nous bornons pour le moment à soulever un coin du voile qui couvre cette situation, que la science économique peut nous enseigner à réformer, sinon d'une manière absolue, du moins satisfaisante pour la généralité des propriétaires et des travailleurs.

Si maintenant nous portons nos regards du côté des institutions fondées en vue du développement normal de l'intelligence des ouvriers des champs, nous voyons, dans la presque totalité des communes de France, des instituteurs chargés d'enseigner au très petit nombre d'enfants qui fréquentent l'école, la lecture, l'écriture et les éléments de l'arithmétique. Nous affirmons tout d'abord que nous sommes partisan déterminé de l'instruction gratuite et obligatoire ; GRATUITE, parce que la

France entière doit contribuer, ne serait-ce que par charité, à l'instruction de tous ses enfants ; OBLIGATOIRE, car si le père de famille a *des droits* sur ses enfants, il a aussi des *devoirs sociaux* tout aussi puissants, tout aussi imprescriptibles vis-à-vis d'eux. Est-ce que par un caprice de sa volonté et à un âge où l'enfant ne peut lui être d'aucune utilité, il lui sera permis de refuser à son fils l'instruction dont un jour, peut-être, il profitera lui même, et qui sera pour cet enfant le meilleur passeport pour entrer dignement dans la société et accomplir honorablement sa destinée sur cette terre? Nous poussons la témérité de notre opinion jusqu'à désirer que les filles soient également soumises à l'instruction gratuite et obligatoire. Cette gratuité et cette obligation doivent être appliquées à *l'instruction élémentaire* et à *l'éducation professionnelle*. Nous insistons sur ce point, par la raison que nous avons pu apprécier, pendant de nombreuses années, combien les rapports avec un ouvrier intelligent, et instruit d'une façon même fort élémentaire, sont faciles, tandis qu'ils sont désagréables et quelquefois dangereux avec les travailleurs abrutis par l'ignorance, et excités par la misère. Chez les premiers nous avons toujours trouvé confiance et discussion pacifique, des idées généreuses, frappées au coin de la justice et de la raison, indépendance et dignité de caractère, travail consciencieusement exécuté, et des produits supérieurs : chez les ignorants au contraire, nous n'avons rencontré que vanité déplacée, ruse, défiance, brutalité vis-à-vis des faibles, moralité plus que suspecte, hypocrisie de caractère, travail lent et produits inférieurs.

Mais qu'est-ce que la lecture, l'écriture et l'arithmétique? Ce sont les premiers outils de l'intelligence. Il faut que l'ouvrier apprenne à s'en servir utilement. Sans cela, et c'est ce que nous avons vu bien souvent, ces outils deviennent une arme à deux tranchants, arme d'autant plus dangereuse qu'il est naturellement porté à s'en servir du mauvais côté. Il faut donc que l'instituteur complète par l'*éducation professionnelle* l'instruction élémentaire, en utilisant les outils, *lecture*, *écriture*, *arithmétique*. C'est le corollaire indispensable de l'amélioration intellectuelle des travailleurs. Nous trouvons que les fermes-modèle ne remplissent ce but que pour l'exception. Mais nous comptons que les écoles normales seront bientôt organisées de manière à ce que les élèves-maîtres qu'elles forment, pourront mener de front ces deux aspects inséparables de l'instruction dans les campagnes : car jusqu'ici l'instruction purement élémentaire a été l'une des causes de l'émigration, mais non la principale. Enfin, nous le demandons aux hommes sérieux et de bonne foi, le travail que les propriétaires font exécuter sur leurs terres est-il accompli avec toute l'énergie que donne la satisfaction des besoins matériels les plus indispensables, avec toute l'intelligence, avec tout le zèle de l'intérêt personnel et l'appât d'une équitable répartition ? Poser la question c'est la résoudre ; car il faut reconnaître que la plupart sont des ouvriers des champs sont loin de jouir du quasi-bien-être de l'ouvrier industriel ; qu'ils sont plongés dans l'ignorance la plus profonde, et que le défaut de développement de leur intelligence, les rend défiants, rusés et trop enclins à s'approprier ce que la non-connaissance de la conscience humaine les porte à regarder comme leur propriété.

Ceci nous conduit naturellement à examiner enfin le travailleur du sol sous son aspect moral. Nous croyons fermement que l'homme se développe successivement et non simultanément, d'abord sous l'aspect physique, plus tard sous l'aspect intellectuel, enfin sous l'aspect moral. Parvenu à un certain âge, aussi variable du reste que les aptitudes de chaque individu, l'homme se développe *simultanément* sous ces trois aspects, solidaires les uns des autres. Sa moralité paraît être, pour ainsi dire, la résultante de la satisfaction *légitime*, par conséquent *relative*, des besoins matériels, et du degré de développement de son intelligence en même temps que de ses aptitudes naturelles. On aura donc beau lui prêcher la morale : il ne l'écoutera que s'il a l'estomac satisfait dans une certaine mesure, et à cet égard le travailleur des champs n'est pas exigeant; mais,

Ventre affamé n'a point d'oreilles.

La morale qu'on lui prêche sur tous les tons, il ne l'écoutera, il ne la comprendra, et surtout il ne l'appliquera que lorsqu'il sera convenablement logé, nourri et vêtu, et que son intelligence suffisamment développée en appréciera la haute portée et les conséquences. Tant que ces conditions ne seront pas remplies, la morale n'exprimera rien pour lui : il restera toujours le paysan rusé, défiant et ennemi du maître ; travailleur inintelligent, égoïste envers ses semblables, imbu de préjugés et de *superstition*. Pour lui, les joies du cœur resteront à l'état de lettre morte ; il ne verra dans ses enfants que des auxiliaires, comme le bœuf et le cheval ; dans sa femme que la servante ménagère destinée fatalement à lui servir d'esclave.

Il est certain qu'il n'ignore pas qu'il ne faut pas voler le bien d'autrui, ni tuer son prochain. On lui enseigne bien cette grande loi de la fraternité et de la solidarité chrétienne : *ne faites pas à autrui ce que vous ne voudriez pas qu'il vous fût fait; faites à autrui ce que vous voudriez qu'il vous fût fait.* Mais à qui fera-t-on croire que le travailleur du sol, dans les conditions où il se trouve placé, comprend et applique ces principes de morale éternelle ? La misère et l'ignorance n'ont pour résultat que l'abrutissement de l'humanité et ne lui donnent pour mobile que l'égoïsme absolu, sans frein intellectuel, sans but moral.

Par les privations physiques, intellectuelles et morales, le travailleur devient plutôt un obstacle au progrès d'une exploitation agricole, qu'un auxiliaire, ou pour mieux dire un coopérateur actif, vigoureux, appliquant au travail une attention éclairée par l'instruction, et régularisée par les sentiments de l'intérêt individuel et de l'accomplissement d'un devoir social. Toutes les Sociétés d'Agriculture, et en dehors d'elles tous les propriétaires, ont donc le plus grand intérêt à étudier et à pousser à la pratique des questions relatives au bien-être des travailleurs, au développement de leur intelligence ; de là aux idées morales, il n'y a qu'un pas. Les Sociétés d'Agriculture dont les séances ont lieu dans les grandes villes, peuvent-elles rendre des services effectifs et profitables à tous les coopérateurs de l'industrie agricole ? Nous ne le pensons pas. Si ces réunions portent la lumière chez les propriétaires qui en font partie, et chez ceux qui lisent les comptes-rendus des séances, quel profit peut en retirer la masse des travailleurs ? Ne serait-il pas plus utile pour tous

les coopérateurs et pour les ouvriers en particulier
d'établir dans chaque commune de petites sociétés ,
qui réuniraient à la mairie du village les travailleurs,
pour leur faire connaître la nature du terrain qu'ils·
cultivent, les meilleurs instruments aratoires applicables à ce terrain, les engrais employés le plus utilement
aux diverses cultures, des notions d'horticulture et
d'arboriculture, etc., etc. ? Ces petites sociétés réalise-
raient ainsi une sorte d'enseignement professionnel
élémentaire approprié à des onvriers ne sachant ni
lire, ni écrire, ni compter. Cet enseignement oral
serait complet, si les sociétés pouvaient obtenir de la
·gracieuseté de leurs membres quelques parcelles de
terrain destinées aux expériences. — Ces espèces de
cours ou conférences faits sans prétention par des propriétaires jouissant dans la commune d'une certaine
considération, suppléeraient efficacement au défaut absolu d'instruction de la génération actuelle des travailleurs , et les arracheraient en partie aux tristes effets
de l'ignorance et de la routine. Ajoutons que , par le
contact fréquent des propriétaires et des ouvriers, par
cet échange d'idées d'intérêt commun , une plus grande
confiance s'établirait entr'eux, et l'émulation aidant ,
tout le monde y gagnerait.

Les sociétés communales pourraient être utilement
reliées entr'elles, tout en se rattachant à la société
départementale dont elles seraient les succursales. Quels
progrès n'accomplirait-on pas avec un concours si puissant et si varié !

Mais pour réaliser même une faible partie de ces
améliorations matérielles, intellectuelles et morales, il
faut posséder ou emprunter à bon marché le nerf de la

guerre et de la paix. C'est par une bonne *institution de crédit agricole*, par *l'organisation du travail, basée sur le principe irréfutable de l'association en participation*, par *l'instruction élémentaire et professionnelle répandue à profusion dans les campagnes*, en un mot, par toutes les institutions susceptibles de détruire la MISÈRE et l'IGNORANCE, et d'offrir des garanties aux ouvriers et aux propriétaires, qu'on parviendra, non-seulement à arrêter l'émigration des campagnes, mais encore à y attirer les transfuges qui forment le plus souvent un trop plein à l'industrie; le travailleur des champs produira d'autant plus, qu'il sera mieux nourri, mieux logé, mieux vêtu. Plus on développera son intelligence, moins il aura de défiance vis-à-vis du propriétaire, et plus son travail sera parfait tout en devenant moins pénible; plus il sera aisé, plus il consommera, car on ne peut acheter et consommer des produits agricoles et industriels qu'avec l'aisance et la richesse : n'oublions pas que si l'ouvrier est aisé, le propriétaire s'enrichit ; plus enfin il aura le cœur content, plus il deviendra accessible aux joies du cœur, aux sentiments de dignité, de devoir, de moralité.

Si l'on admet avec nous que le crédit à long terme et à bon marché, est la base principale de toute amélioration agricole et de toute amélioration matérielle, intellectuelle et morale de tous les coopérateurs de l'agriculture, on doit constater qu'on n'a pas réussi à l'organiser utilement. Cependant l'Agriculture avait pour exemple la puissance de cet agent de la production appliqué à l'industrie, aux grands travaux des chemins de fer, canaux, etc., etc.

La propriété foncière et l'agriculture auraient dû,

comme l'industrie, chercher à organiser leur crédit *par elles-mêmes et pour elles-mêmes*. L'Empereur a été le véritable promoteur du crédit foncier : il avait compris qu'une bonne institution de crédit leur était indispensable. Malheureusement cette institution n'a pas répondu, et ne pouvait répondre à ses intentions. Le crédit foncier n'a pu remplir que la première partie du problème du crédit de la propriété foncière, celle de prêter à *long terme*. Il lui était impossible de prêter à *bon marché*, en faisant appel aux capitalistes attirés au moyen de fortes primes, qui, naturellement, devaient sortir de la caisse des emprunteurs.

Le titre de cette Société indique qu'elle a été fondée pour venir en aide à l'Agriculture et à la propriété foncière. Pour apprécier à leur juste valeur les services que cet établissement a rendus notamment à la propriété foncière et à l'agriculture, qu'on nous permette de citer textuellement quelques lignes du discours prononcé par M. Hubert-Delisle, à la séance du Sénat, du 10 février 1866.

« ..... Quand l'Empereur, dit-il, est arrivé au trône,
» son premier soin n'a-t-il pas été d'établir un crédit
» foncier? La propriété était grevée de huit milliards
» d'hypothèques produisant 650 millions d'intérêt par
» an, et pour arriver à l'extinction de cette dette, il
» voulait le fonctionnement des intérêts compris.

» Tout à l'heure M. de Beaumont vous parlait des
» établissements de crédit. Quels sont-ils? Comment
» ont-ils fonctionné? Je n'attaque personne. Mais la
» voie dans laquelle ils ont marché est-elle bien celle
» de leur institution?

» Le crédit foncier a prêté à la *ville de Paris* un

» capital de. . . . . 450 millions.

» A Paris on fait de belles choses,
» mais que fait-on pour l'Agricul-
» ture ?

» Aux *communes* on a prêté. . 150 millions,

» on fait assurément de belles choses,
» moins-belles qu'à Paris, mais que
» fait-on pour l'Agriculture ?

» Aux *départements* le crédit fon-
» cier a prêté. . . . . . . 114 millions.

» A l'*Agriculture* quel prêt lui a-
» t-on donc fait ?

» ON LUI A PRÊTÉ. . . . . 50 millions,

» A ELLE QUI REPRÉSENTE 80 MIL-
» LIARDS, CELA FAIT 4 MILLIONS PAR
» AN.

» Voilà ce que l'on a fait pour l'Agriculture ; est-ce
» là la condition normale de l'institution ? »

Tels sont les faits signalés au Sénat, par l'honorable
M. Hubert-Delisle et nous n'avons aucune raison de
croire qu'il ait été mal renseigné. Cette institution de
crédit est donc pour l'Agriculture une véritable dérision, il devait en être ainsi.

En effet, le crédit foncier prête pour un terme de 50
ans les sommes qui lui sont demandées dans certaines
proportions qui ne peuvent excéder la moitié de la valeur de la propriété, sous la condition que le prêt sera
fait sur première hypothèque. D'après les statuts, le
taux de l'intérêt est fixé par le conseil ; il ne peut dépasser le taux légal. L'annuité est payable en espèces
par semestre, aux époques déterminées par l'administration, elle comprend :

1° L'intérêt.

2° L'amortissement.

3° Un droit de commission.

Au moment où nous écrivons ces lignes, le taux est de 6 fr. 06 p. 0/0, intérêt et amortissement compris.

On le voit, ce qui distingue le prêt sur hypothèques en usage, du prêt par le crédit foncier, c'est la condition du remboursement du capital compris dans l'annuité. Il ne nous en coûte pas de convenir que ce dernier mode est supérieur au premier. Il s'agit seulement d'examiner s'il améliore la position de l'emprunteur et si celui-ci a plus de facilité pour se libérer ; car avant tout, c'est là le but que toute institution de crédit doit atteindre. Eh bien ? il faut l'avouer, ce but ne saurait être atteint : ce qui le prouve, tout d'abord, c'est la minime somme que les agriculteurs ont empruntée à la Société du crédit foncier pendant les 12 années écoulées depuis sa création. *50 millions empruntés* en présence de *8 milliards* de dettes hypothécaires ! quelles en sont les causes ? La réponse ne nous paraît pas difficile ; ces causes sont nombreuses ; nous ne nous attacherons qu'aux principales.

Nous trouvons dans les modifications des statuts (28 juin 1856) les articles suivants :

« Tout semestre non payé porte intérêt à 5 0/0 , et » rend exigible la *totalité* de la dette un mois après » la mise en demeure......

» Tout emprunteur doit dénoncer à la Société les » aliénations , détériorations et hypothèques légales , » modifiant les conditions du gage..... »

D'un autre côté, le décret du 28 février 1852 porte:

« En cas de retard du débiteur, la Société peut, en

» vertu d'une ordonnance rendue sur requête par le
» président du tribunal civil de première instance ,
» quinze jours après une mise en demeure, se mettre
» en possession des immeubles hypothéqués, aux frais
» et risques du débiteur en retard.
» Pendant la durée du séquestre, la Société perçoit,
» nonobstant toute opposition ou saisie, le montant du
» revenu ou récoltes et l'applique à l'acquittement des
» termes échus et des frais.
» Ce privilége prend rang immédiatement après ceux
» qui sont attachés aux frais faits pour la conservation
» de la chose , aux frais de labour et de semences ,
» et aux droits du trésor pour le recouvrement de
» l'impôt.
» Dans le même cas de non-paiement d'une annuité
» et toutes les fois que le capital intégral, par suite
» de détérioration du gage , est devenu exigible , la
» vente de l'immeuble peut être poursuivie.
» S'il y a contestation, il est statué par le tribunal
» de la situation des biens. *Le jugement est sans appel.*
» Pour parvenir à la vente de l'immeuble, la Société
» fait signifier au débiteur un commandement dans la
» forme prévue par l'article 673 du Code de procédure.
» A défaut de paiement dans la *quinzaine*, il est fait
» dans les *six semaines* qui suivent, six insertions dans
» les journaux d'annonces et deux appositions d'affi-
» ches à quinze jours d'intervalle.
» Quinze jours après l'accomplissement de ces forma-
» lités, il est procédé à la vente aux enchères de l'im-
» meuble hypothéqué. »

N'est-ce pas là une redoutable épée de Damoclès
suspendue par un cheveu sur la tête des emprunteurs

propriétaires? Et n'avions-nous pas raison de dire tout à l'heure que cette institution de crédit était pour l'Agriculture une véritable dérision? Du reste les résultats justifient cette opinion.

En établissant ces conditions on n'a pas réfléchi que les denrées agricoles ne peuvent pas toujours être vendues à un prix rémunérateur avec la même facilité que les produits de l'industrie. Pour ceux-ci, il y a des magasins, des bazars, des entrepôts où ils trouvent un écoulement facile et immédiat. Celles-là, au contraire, sont encombrantes, d'un transport difficile et coûteux et sujettes à des variations de prix qui sont un obstacle à la vente suivant les saisons, et une infinité d'autres causes bien connues des agriculteurs. Il n'existe pour ces derniers aucune institution de crédit qui leur permette *d'emprunter économiquement* et *pour un terme suffisant*, même *sur consignation de denrées.* Cependant une institution de cette nature leur donnerait la possibilité d'attendre l'occasion favorable pour les vendre convenablement. L'industriel, le commerçant et le plus modeste boutiquier, trouvent à emprunter chez des banquiers, ou chez de gros ou petits capitalistes, sans autre garantie que leur simple signature, au taux de 6 0/0 l'an et une commmission qui varie de 1/4 à 1/2 p. 0/0 pour trois mois. Il arrive même souvent que leurs billets sont renouvelés plusieurs fois, ce qui leur permet d'éviter des ventes à perte. L'agriculteur n'a pas cette facilité. Il faut l'hypothèque au prêteur, c'est l'usage, et celui-ci n'y déroge jamais.

Avec des conditions si expéditives, il n'y a donc pas lieu de s'étonner du peu d'empressement de la part des agriculteurs à recourir au Crédit foncier ; ils préfèrent encore l'ancien mode, qui leur permet de faire attendre leurs créanciers. Ceux-ci, en effet, assurés de la solidité du gage, sont portés à la patience et ils tiennent compte le plus souvent des difficultés qui viennent entraver la vente des denrées destinées à payer les intérêts. Ce qu'un particulier peut faire, une administration ne le peut pas, sans porter atteinte à l'ordre et à la régularité de ses opérations.

Mais il y a une autre cause qui éloigne les agriculteurs de cette institution de crédit, c'est l'importance de l'annuité. Loin de nous la pensée de prétendre qu'elle sorte des lois de l'équité! Cette annuité, nous l'avons déjà dit, comprenant l'intérêt et l'amortissement, offre d'incontestables avantages. Nous préférons ce mode d'emprunt à celui qui est en usage, à la condition qu'il sera possible, en diminuant l'intérêt, d'en déduire de beaucoup l'importance : car avant tout, il faut que le propriétaire puisse payer cette annuité qui est de 6 fr. 06 c. p. 0/0 ; ce qui n'est réalisable que si *le taux de l'intérêt est au-dessous de la quotité des revenus.* Quel est donc le propriétaire assez aveugle pour avoir recours à l'*institution* du *Crédit foncier?* Le plus simple calcul ferait reculer les plus besogneux.

Supposons, en effet, qu'un agriculteur emprunte une somme représentant la moitié de la valeur d'une terre de 100,000 fr. L'annuité des 50,000 fr. à raison de 6 fr. 06 c. par an, intérêt et remboursement compris, sera de 3,030 fr. Le revenu d'une propriété de 100,000 fr. à raison de 3 0/0 est de 3,000 fr.; que reste-t-il au propriétaire, rien, sinon la certitude d'avoir à payer l'annuité pendant 50 ans, sans espérance d'en pouvoir réaliser régulièrement la somme, et la menace permanente de l'expropriation forcée. Quelle perspective !

Si au contraire il emprunte dans les conditions du prêt ordinaire sur hypothèque, le revenu étant de 3,000 fr. et l'intérêt de 2,500 fr., il lui reste une somme disponible de 500 fr. environ ; il est vrai que le remboursement du capital est difficile, sinon impossible, à moins d'aliéner une partie de la propriété, ce qui nous a toujours paru le résultat d'une organisation mauvaise. Nous indiquerons plus bas au moyen de quels procédés, l'agriculteur propriétaire pourra améliorer sa position et celle de ses coopérateurs. Contentons-nous de constater, que, si déjà il a de la peine à payer annuellement 5 0/0, il pourra encore moins facilement payer 6 fr. 06 c. 0/0, malgré les avantages réels qu'il y a pour lui à comprendre dans l'annuité l'intérêt et l'amortissement.

Nous savons bien que certains économistes philanthropes nous jetteront à la fois cet argument consacré parce qu'ils ignorent ou qu'ils feignent d'ignorer la puissance du crédit et les moyens de le rendre accessible et profitable à l'Agriculture : mais vendez donc votre propriété, disent-ils, plutôt que d'emprunter. La ruine est au bout de l'emprunt. Prôner ce remède empirique et désespérant, c'est comme si on proclamait qu'il est défendu à tout travailleur d'acheter à crédit aucune espèce d'instrument de travail. C'est comme si on lui disait : vous n'avez ni argent ni crédit pour acheter cet instrument de travail qui doit servir à vous faire vivre honnêtement vous et votre famille, eh bien ! reposez-vous, devenez voleur, ou résignez-vous à mourir de faim ! Dans l'industrie, les choses ne se passent pas ainsi : le manufacturier, et même l'ouvrier intelligent trouvent à acheter à *crédit des machines fort coûteuses;* pourquoi l'agriculteur ne pourrait-il pas acheter à crédit et à un taux d'intérêt en rapport avec ses bénéfices l'instrument de travail, la machine première, pour ainsi dire, de son industrie, le sol ?

Est-ce que le SOL n'est pas le premier de tous les capitaux, le VÉRITABLE CAPITAL MÈRE, la *source de tous les capitaux matériels?* Est-ce qu'il n'est pas en même temps le *premier* et le *plus fécond* des INSTRUMENTS DE TRAVAIL? N'est-il pas la *machine première* de la production la plus puissante et la plus nécessaire, puisque tout ce qui se consomme vient de lui? N'est-il pas, pour ainsi dire, l'outil le plus précieux de l'Agriculture, outil inusable, perpétuel, à la condition qu'on l'entretienne par le travail, qu'on varie les semences qui lui sont confiées, qu'on renouvelle sa fertilité par des engrais naturels ou artificiels qui lui rendent les éléments enlevés par les récoltes? L'agriculteur obtient sur cet *instrument de travail* des produits en rapport avec la manière dont il l'entretient, l'intelligence qu'il sait déployer, et il améliore d'autant plus sa position et celle de ses coopérateurs que le *crédit* lui est plus facile et à un taux proportionné à ses bénéfices. Il en est de même pour l'industriel qui entretient le mieux son outillage, qui se sert des machines les plus perfectionnées et qui ne paie pas des intérêts supérieurs à ses profits. Il ne nous paraît, ni plus juste, ni plus légitime de dire à cet industriel de ne pas acheter une machine nouvelle à crédit, qu'à l'agriculteur d'acheter de la terre à crédit. Ce qui est possible au premier, serait-il donc une impossibilité pour le second?

Si donc l'agriculteur se trouve dans des conditions si inégales et qu'on n'ait d'autre remède à lui administrer que cette formule désespérante : *vendez votre gagne-pain*, il faut convenir qu'il y a un vice profond dans l'organisation agricole, et l'on doit rechercher par quels procédés l'Industrie est parvenue à éviter ce vice si fatal à l'Agriculture.

L'industriel intelligent et capable trouve toujours les capitaux nécessaires à l'exploitation de son usine, de sa fabrique, et pourtant que possède-t-il pour garantir le prêt qui lui est fait? Dans la plupart des cas, et surtout au début de sa carrière, il ne possède rien, sinon la garantie toute *morale* de son intelligence et de sa capacité. Le taux du prêt est toujours, malgré les chances aléatoires, *au-dessous des bénéfices qu'il réalise*, car il comprend l'intérêt du capital emprunté dans le prix de revient de ses produits. C'est pour cette raison qu'il peut non-seulement parvenir à rembourser les capitaux qui lui ont été confiés, mais encore à devenir capitaliste lui-même. Pourquoi donc le propriétaire intelligent et capable ne pourrait-il pas, lui aussi, emprunter à un taux au-dessous de ses revenus, par hypothèque, sur le sol qu'il a payé en totalité ou en partie? Pourquoi n'obtiendrait-il pas (à moralité et à capacités égales) ce qu'on accorde à un habile et intelligent industriel ou ouvrier qui ne possède rien ? Le sol qui sert de garantie au prêteur est pourtant un *gage matériel* CERTAIN, puisqu'il est la SOURCE de *tous les capitaux matériels*.

Nous nous sommes souvent demandé d'où pouvait provenir cette inégalité dans les conditions de crédit de l'Industrie et de l'Agriculture, conditions qui jus-

qu'à ce jour ont contribué, pour la plus grande part,
à maintenir cette dernière dans un état d'infériorité
que personne ne conteste. Nous en sommes toujours
arrivé à nous répondre : c'est que les institutions de
crédit, assez bien organisées pour l'industrie, manquent
absolument à l'agriculture, et que celle-ci ne peut
emprunter qu'à très chers deniers, c'est-à-dire, à un
taux hors de proportion avec ses bénéfices, les capitaux
disponibles, ou pour mieux dire ceux qu'un petit nombre de capitalistes n'osent confier aux hasards du
commerce et de l'industrie. Or, aujourd'hui la masse
des capitaux se porte volontiers du côté des valeurs
mobilières, des grandes compagnies actionnaires for-
mées en France et à l'étranger, si bien que la France
est en ce moment la commanditaire de la plupart des
nations de l'Europe. Que peut-il donc rester pour
l'Agriculture ? Rien, rien qu'une hypothèque qui la
grève, selon M. Hubert-Delisle, de plus de *huit milliards* et qui l'oblige à payer pour 650 millions d'intérêts
annuels. Il lui sera impossible d'obtenir la moindre
amélioration sans recourir à la réforme radicale du
crédit. Est-ce là une situation digne de la première de
toutes nos industries ? A côté de ce triste tableau,
voyez donc ce qu'a fait l'industrie avec ses nombreux
agents de crédit et de circulation. Contemplez l'élan
imprimé à l'industrie manufacturière par ces puissantes
machines, dont l'intelligence et le génie de l'homme
l'ont dotée ! Pourquoi la science a-t-elle travaillé de
préférence au profit du progrès industriel plutôt qu'à
celui de l'Agriculture ?

Sans doute plusieurs causes ont contribué à cette
préférence, qui peut paraître une marche contre nature.

Si pourtant, on y réfléchit, on voit bien vite qu'avant l'immense développement de l'industrie manufacturière, la population était moins nombreuse, et les fruits de la terre suffisaient, et au delà, à la consommation. D'un autre côté, l'attrait d'une fortune rapide a poussé l'activité humaine vers des travaux moins pénibles et plus lucratifs que ceux de l'agriculture. Pourtant, il nous est permis d'affirmer que cette préférence a une cause essentielle qui domine toutes les autres : c'est que l'*Agriculture n'est pas en position d'acheter les machines qui pourraient multiplier ses forces à l'infini et remplacer ainsi les bras dont elle voit chaque jour diminuer le nombre.*

Pourquoi donc n'a-t-elle pas cherché à suivre les procédés employés par l'Industrie et le Commerce pour marcher, plus à l'aise, dans la large voie du progrès et de la prospérité? La propriété foncière et l'Agriculture, après la tentative de l'Empereur d'organiser le Crédit agricole par l'intermédiaire du Crédit foncier, auraient dû comprendre qu'une compagnie de capitalistes était impuissante à leur procurer le crédit à bon marché. Une monnaie fiduciaire assise sur le sol, est le seul moyen d'y parvenir.

Pour en finir avec les essais d'organisation du Crédit agricole et pour bien établir la distance qui sépare l'Agriculture et l'Industrie au point de vue de leurs richesses respectives, on nous permettra de citer quelques lignes d'un discours prononcé au Sénat dans la séance du 10 février 1866 par M. le comte de Beaumont.

Par une lettre du 5 janvier 1860, l'Empereur engage le directeur du Crédit foncier à joindre à cet établissement une caisse de Crédit agricole.

« Celui-ci, dit M. de Beaumont, fit observer que
» dans l'état de la législation, cette création entraînerait
» de grands risques, et l'Empereur proposa de garantir
» ces risques par une somme de 400,000 fr., pendant
» cinq années, soit en tout une somme de deux
» millions.

» La caisse fut alors fondée au capital de *vingt*
» *millions* qui fut immédiatement souscrit. Malheureu-
» sement, au lieu d'aller à l'Agriculture, conformément
» à son but, elle escompta le papier des intermédiaires
» qui approvisionnent Paris. Elle fit ainsi de belles
» affaires, car elle réalisa un bénéfice de 17 p. 0/0 du
» capital émis ; mais elle ne rendit pas à l'Agriculture
» les services que celle-ci devait en attendre. »

M. le comte de Beaumont ajoute quelques lignes
plus bas :

« Aussi, tandis que l'Industrie entrait largement dans
» la voie du progrès, l'Agriculture restait stationnaire :
» depuis soixante ans ses produits ne se sont accrus
» que de 33 p. 0/0..... L'Industrie, au contraire, dans
» la même période a vu ses valeurs s'élever de *un*
» *milliard* à *cinquante milliards* : elle a dû en partie
» son progrès à l'établissement d'institutions de Crédit
» et notamment à la création de la Banque de France. »

On le sait maintenant : les hommes les plus observateurs et les plus pratiques sont unanimes pour proclamer que l'Agriculture a besoin, avant tout, d'une
institution de crédit spéciale, puisque l'application des
anciens procédés de crédit n'ont apporté aucun soula-
gement à sa situation. D'un autre côté, la comparaison
de l'augmentation des valeurs de l'industrie agricole
et de l'industrie manufacturière conduit à constater

l'énorme différence qui les sépare. Il faut que cette différence disparaisse : car la prospérité de l'une et de l'autre en dépend.

L'Agriculture, au point de vue du crédit, est encore dans les langes de l'enfance et, pour ainsi dire , comprimée dans un étau. Il faut qu'elle s'émancipe, il en est temps : il faut qu'elle suive l'exemple de sa sœur l'Industrie et qu'elle parvienne, elle aussi, à augmenter ses valeurs dans la même proportion. Il faut que , comme l'Industrie, elle organise *par elle-même et pour elle-même le crédit* qui lui manque. On verra alors succéder la prospérité à l'état permanent de gêne et à la perspective d'une ruine, résultant de l'organisation qui la régit. Il est douloureux de voir aujourd'hui les propriétaires découragés par les tristes revenus du sol, vendre leurs propriétés et se lancer, souvent en aveugles, dans les spéculations mobilières , où ils ont à courir tant de chances aléatoires, quand ils n'y rencontrent pas la perte de tout ou partie de leurs propriétés réalisées. Mais, en présence d'un revenu de 2 à 3 0/0 d'un côté, et de 5, 6, 7, 8, 10 0/0 de l'autre, promis à grand renfort de réclames, outre les chances de primes attachées à certains titres de valeurs mobilières, est-il facile de résister à la tentation ?

L'homme est pourtant naturellement porté vers la propriété foncière. La preuve en est dans les industriels grands et petits que l'habileté et quelquefois des chances heureuses ont conduits à la fortune. Leur premier besoin est de consolider leurs épargnes, par l'achat d'une propriété foncière ; là, ils se reposent des travaux toujours assidus, souvent pénibles de l'industrie, en appliquant leur intelligence à la culture du sol , loin du bruit de la ville, et des soucis des travaux passés. Eux seuls peuvent, dans l'état actuel, jeter leurs capitaux dans les essais et dans l'application des procédés préconisés par la science et l'expérience agricoles. Mais bientôt ils se lassent, à leur tour, des faibles résultats de leurs tentatives; ils s'aperçoivent trop tard que le défaut d'un crédit à long terme et à bon marché est la cause première de leurs mécomptes.

L'Agriculture reste, faute de capitaux de circulation, dans un état permanent de torpeur et de découragement. En présence d'un péril toujours croissant, elle réclame des remèdes qui, en définitive, ne sont que des palliatifs transitoires. Tels sont, la diminution des impôts, la réduction des droits d'enregistrement, le rétablissement de l'échelle mobile appliquée à l introduction des grains étrangers. C'est surtout ce dernier moyen qui paraît être l'*Eldorado* rêvé par la plupart des propriétaires. et qui a été, au sein du Corps Législatif, le sujet favori des éloquents défenseurs de l'Agriculture et de la propriété foncière. Qu'on nous permette de nous y arrêter quelques instants.

De tous les points de la France, les propriétaires réclament le rétablissement de l'échelle mobile. C'est le mot d'ordre généralement adopté, et il semble que ce soit le remède à tous les maux qui affligent l'Agriculture. Nous ne nions certes pas que les droits protecteurs doivent améliorer cette triste situation que nous sommes le premier à déplorer ; mais nous avons la conviction que ce sera dans une très faible mesure, en même-temps qu'au préjudice des consommateurs.

Les droits protecteurs en faveur de l'agriculture nationale, sont à coup sûr aussi légitimes que les droits exorbitants et les prohibitions qui protégeaient notre industrie jusqu'en 1861. Nous ne voyons pas , en conséquence , pourquoi le Gouvernement n'accorderait pas *transitoirement* cette satisfaction aux agriculteurs. L'échelle mobile appliquée , comme *palliatif momentané*, nous paraît donc d'autant plus équitable que l'Agriculture , ainsi que nous l'avons dit déjà, se trouve encore privée des principaux éléments qui pourraient concourir à sa prospérité. Elle n'a pas su créer par *elle-même* et *pour elle-même* les institutions qui ont porté si loin les progrès de l'industrie et du commerce ; nous voulons parler notamment de l'organisation du crédit approprié aux conditions les plus favorables à la nature de ses besoins et surtout pouvant fournir à long terme des capitaux dont le taux de l'intérêt devra être *au-dessous de la quotité des revenus*. Là est la clef de la solution du problème ; nous ne saurions trop le répéter.

Nous ne sommes donc pas , *pour le moment*, contre l'échelle mobile ; toutefois , nous espérons, nous comptons même que dans un avenir prochain, une plus grande liberté sera donnée à l'importation et à l'exportation des produits de l'industrie et de l'agriculture. Nous ne désespérons même pas de voir s'écrouler plus tard toutes les barrières qui font obstacle aux transactions et aux échanges de *toute nature* entre tous les peuples du monde. Notre industrie a prouvé qu'elle peut soutenir honorablement la lutte avec colle de l'étranger. Le tour de l'agriculture viendra , nous en avons la certitude.

Le rétablissement de l'échelle mobile parviendra-t-il à empêcher les crises dont l'agriculture est frappée quelquefois ? Constatons d'abord qu'il y aura des crises pour l'industrie , comme pour l'agriculture , toutes les fois que la quantité des produits (ne serait-ce que sur un seul produit de consommation générale), sera supérieure aux besoins de la consommation. Il y a plus : la solidarité entre la prospérité de l'agriculture et de l'industrie est telle que les crises de l'une réagissent fatalement sur l'autre ; c'est un fait que personne ne contestera. Constatons encore que tous les droits protecteurs *augmentent le prix d'un produit, et tendent à en diminuer la consommation.*

Le froment étant une denrée de première nécessité et par conséquent d'une consommation qui devrait être générale, il semble rationnel de penser que les propriétaires, maîtres de cette denrée, peuvent toujours obtenir un prix rémunérateur ; il n'en est pourtant pas ainsi, et les choses resteront en cet état jusqu'à ce que le crédit agricole soit organisé de façon à prêter nonseulement sur hypothèque à la propriété foncière à un *taux inférieur à la quotité du revenu,* mais encore à faire des avances, sur consignation des denrées, et à prêter aux fermiers sur cheptel et récoltes pendantes. On comprend que, dans ces conditions, l'échelle mobile deviendra une inutilité. Le surplus de la récolte d'une année abondante pourra dès-lors être mis en réserve pour une année moins heureuse, et la dépréciation des cours aura des effets très certainement amoindris, si elle ne disparaît pas.

Il est encore bon de rappeler ce que nous avons déjà dit. Dans un certain nombre, pour ne pas dire dans la plupart des départements, les cultivateurs propriétaires, même aisés, et à plus forte raison les domestiques et tous les travailleurs des champs, ne mangent jamais ou presque jamais du pain de pur froment. Nous avons vu ces travailleurs mangeant le plus souvent un pain noir fabriqué avec un mélange de grains, tels que maïs, seigle, orge, baillarge, etc. Ce pain noir mal préparé, mal cuit, prend vite la moisissure, et au lieu d'entretenir les forces de ces travailleurs qui ne mangent de viande que par exception (sauf celle de porc salé), il les énerve et les affaiblit. Le rendement du travail se ressent nécessairement de cette mauvaise nourriture. Cependant il y a trop de froment en certaines années et notamment dans celle où nous écrivons ces lignes! Cependant tous les travailleurs n'en mangent pas et ceux qui en mangent sont obligés, par insuffisance de salaires, d'opérer d'affreux mélanges qui les privent des forces physiques nécessaires pour accomplir convenablement le travail de chaque jour! Les ouvriers de l'industrie n'en sont plus là : presque tous mangent du pain blanc et toujours frais; ils boivent du vin, dont les ouvriers des campagnes ne font usage qu'à l'époque de la fenaison et de la moisson. Est-il donc difficile de trouver la raison de ce contraste affligeant et d'en tirer les conséquences ?

Mais revenons à l'échelle mobile pour en finir sur ce sujet.

Nous disions tout-à-l'heure que l'échelle mobile rétablie n'empêchera pas les crises de l'Agriculture, pas plus que les droits protecteurs ne peuvent en affranchir l'Industrie. En effet, supposez une année d'abondance et par conséquent dépassant les besoins de la consommation intérieure et extérieure. Supposez que cette abondance se manifeste jusqu'à une certaine limite dans les pays étrangers qui nous achè-

tent ordinairement les produits agricoles surabondants
chez nous. Qu'arrivera-t-il ? Evidemment les prix
subiront la loi de l'offre et de la demande : et comme
nos propriétaires offrent et qu'il y a peu de demandes,
la tendance à la baisse ne tarde pas à se manifester,
parce qu'il faut réaliser à tout prix une partie de la
récolte pour exécuter les travaux de la campagne
suivante. Le consommateur français et l'acheteur étranger qui savent, par le stock , que la denrée ne peut
leur manquer jusqu'à la prochaine récolte , ne se pres-
sent pas. Ils attendent les bras croisés et toute spéculation intérieure et extérieure cesse parce qu'il n'y
a pas chance de hausse. De là , crise : le spéculateur
et le consommateur n'achètent plus qu'au fur et à mesure des besoins : et au lieu de vendre ses denrées
en gros à un prix rémunérateur , le propriétaire les
livre en détail au cours inférieur résultant de la vente
forcée, et de la trop grande abondance. La crise grandit précisément en raison directe de la faiblesse de la
demande : la panique s'en mêle et l'on sait si les
spéculateurs savent en profiter; mais, il y a plus : chaque propriétaire va criant par dessus les toits , ses
malheurs, ses mécomptes ; car , en l'absence de toute
institution de crédit pouvant faire des avances sur
consignation de denrées (denrées qui présentent incontestablement des garanties plus solides que les trois
quarts des signatures des commerçants), il faut vendre
à tout prix. Le propriétaire ne peut plus attendre.
Ce sont alors des cris de désespoir, des appels au
gouvernement ; comme si le Gouvernement y peut
quelque chose ! La publicité , par la voie des journaux,
répète et va porter au loin ces cris de détresse. Les

spéculateurs restent toujours les bras croisés et la
clef du coffre-fort en poche ; et la crise augmente , et
la ruine arrive escortée de l'expropriation.

Pour nous résumer, on peut , à notre avis , accorder aux agriculteurs , comme *simple satisfaction transi-
toire*, le rétablissement de l'échelle mobile , ce qui
n'empêchera pas les crises toutes les fois que les
produits dépasseront les besoins de la consommation ,
soit qu'il s'agisse de l'agriculture , soit qu'il s'agisse
de l'industrie. Ce moyen est empirique , voilà tout : il
est approprié en effet, à l'organisation actuelle de
l'Agriculture marchant au hasard et sans principes
depuis qu'elle a conquis , comme sa sœur l'Industrie ,
la *liberté absolue*. Il faut donc qu'elle tourne ses regards
vers une organisation nouvelle. Il faut en convenir :
la propriété foncière n'a pas fait un pas vers la recherche de cette organisation et des institutions qui
peuvent la sauver; est-ce incurie? est-ce incapacité ?

Avant donc que cette nourrice bienfaisante de l'humanité soit ensevelie sous ses ruines, il faut que les
hommes de bonne volonté lui tendent la main pour
l'aider à sortir du précipice et à se mettre au niveau
des progrès accomplis par l'Industrie.

L'artiste qui veut peindre un tableau , ciseler une
statue, se crée un idéal, qu'il cherche à réaliser sur sa
toile ou sur le marbre, suivant la mesure de son talent
et de son intelligence ; l'inventeur, à la recherche d'une
machine, se pose un but qu'il atteint plus ou moins ,
selon l'exactitude de ses calculs et ses connaissances
en mécanique. Ni l'artiste, ni l'inventeur, ne parviennent
pourtant à l'idéal qu'ils se sont posé. Il y a dans les lois
physiques et dans celles de l'intelligence, à tenir compte

des frottements, des obstacles, qui tiennent à notre nature finie. Est-ce une raison, toutefois, pour que l'artiste et l'inventeur se laissent aller au découragement? L'homme est-il donc voué éternellement au malheur, et faut-il qu'il vive, comme la brute, d'après les lois de l'instinct? Doit-il livrer son corps, son intelligence, son âme aux hasards de la fatalité? A quoi donc nous serviraient nos forces physiques, notre désir de connaître, le besoin d'expansion du cœur? Le travail est une loi divine dont l'intelligence doit diriger l'essor pendant que le cœur nous en fait ressentir la jouissance, lorsqu'il est accompli avec attrait et en harmonie avec les lois de notre destinée individuelle et collective.

Pourquoi donc ne nous serait-il pas permis de nous poser cet idéal et pourquoi ne dirions-nous pas de toute la force de notre âme : Arrière, tous les palliatifs inutiles ! Place à l'unité universelle de mesures et de monnaies ! Place au libre échange entre tous les peuples ! Place aux institutions de crédit ! Place à la science qui versera à pleines mains les trésors de ses découvertes à l'Agriculture et à l'Industrie ! Place à *l'association libre et volontaire du capital, du travail et du talent, et à la répartition proportionnelle à ces éléments* principaux de toute production ! Place enfin à la paix universelle qui résultera de l'application de ces principes et des moyens de communication rapides par les chemins de fer et le télégraphe électrique !

Pour atteindre même une partie de la réalisation de cet idéal, il faut que l'Agriculture et la propriété foncière cherchent d'abord les bases d'une organisation nouvelle sur le terrain solide d'un principe bien établi et incontestable. En second lieu, il faut chercher le moyen pratique de réaliser le principe accepté.

Ce principe, à nos yeux incontestable, nous le considérons comme un axiome ; le voici :

Toute exploitation agricole n'est pas viable si le taux de l'intérêt du capital emprunté dépasse la quotité du revenu. Ce principe s'applique également à l'industrie.

Examinons et constatons cette vérité par des faits puisés dans la pratique. Déjà nous en avons donné un commencement de démonstration à propos du crédit foncier, nous allons essayer de le compléter.

Et d'abord, le *sol* considéré comme capital, est-il de même nature et dans les mêmes conditions que le capital *monnaie ?* Évidemment, non. Le *sol* a un double caractère, et peut être considéré sous un double aspect. Il est capital puisqu'il est la source de tous les capitaux matériels et que sa valeur peut être traduite en monnaie, mais il est, en même temps et SURTOUT, *instrument de travail et de produits.*

C'est à ce dernier point de vue qu'il a sa plus grande utilité, sa plus grande valeur. Cette valeur est d'autant plus considérable, qu'en première ligne, il est l'immeuble par excellence, qu'il ne peut être transporté, ni volé, comme l'argent, ou comme toutes les valeurs mobilières. Le *sol* est donc le *capital* le plus certain ; le *gage* le plus solide et l'*instrument de travail* le plus nécessaire, sans lequel toute industrie serait impossible. — Par suite, il est d'autant plus recherché. Aussi le prix auquel on le vend représente-t-il en monnaie métallique un capital rapportant un très faible revenu. Ce revenu est de beaucoup inférieur au taux de l'intérêt exigé pour le prêt d'un *capital monnaie,* qui ne remplit qu'une fonction et qui a droit, cependant, à un loyer ou intérêt variable, suivant les chances aléatoires que le prêteur seul se réserve d'apprécier pour imposer ses conditions. Ce *capital-monnaie*, prêté à l'agriculteur, au manufacturier, n'est pas un *instrument de travail ;* il est un agent auxiliaire utile, nécessaire à toute production , en même temps qu'il est signe , étalon servant aux échanges des divers produits. Il représente la valeur d'un produit, parce qu'il a une valeur intrinsèque : c'est pour cela surtout qu'il peut servir à payer les salaires des ouvriers , l'achat des machines , etc. , etc. , qu'on ne pourrait pas payer en nature. Il est pour ainsi dire , l'huile qui fait marcher le rouage si compliqué des échanges de toute nature , rouage qu'il serait impossible de faire fonctionner sans cet étalon et s'il fallait tout payer par des produits. Le loyer du capital monnaie et de tout capital est donc légitime, et doit nécessairement être en rapport avec le plus ou moins de chances aléatoires que présente la position des emprunteurs.

Nous venons de dire que le prix du SOL représente un *capital monnaie* supérieur à la quotité du revenu. Il n'y a rien d'étonnant à ce qu'il en soit ainsi : car, outre la sécurité que donne le capital *sol* , il faut tenir compte de ce que le SOL est limité quant à son étendue. Le SOL est donc, d'une part, le *capital le plus certain*, et d'un autre côté, *il est l'instrument de travail* le plus précieux, puisqu'il n'éprouve de dépréciation qu'autant qu'on le laisse sans utilité. Plus la population augmente, plus il est utile, indispensable même, de le cultiver avec intelligence : plus la richesse publique grandit, plus il est recherché, parce qu'il est le plus solide des placements pour l'épargne.

La valeur du sol augmente par le fait seul de l'accroissement des richesses de l'industrie ; et cependant les procédés de la production agricole, arrêtés dans leur essor par l'absence de toute institution de crédit, approprié aux besoins et à la nature de la propriété foncière et de l'Agriculture, tendent à une diminution incessante des revenus. L'équilibre n'existe plus : cette situation n'est pas normale : elle doit cesser, elle cessera.

D'après les considérations qui précèdent, est-il donc possible d'assimiler le capital SOL au capital MONNAIE ? Le loyer de chacun de ces capitaux peut-il être, doit-il être le même ? Le sol considéré au point de vue d'*instrument de travail*, de *capital infaillible*, peut-il, doit-il payer pour son exploitation un intérêt à peu près double du revenu ?

Assurément nous ne craignons pas d'être contredit en affirmant que ces deux capitaux de nature si différente ne peuvent en aucune façon être soumis aux mêmes conditions, aux mêmes lois. Les faits confirment à cet égard notre affirmation. En effet, le propriétaire du capital SOL ne peut affermer, louer ce sol représentant une certaine valeur en monnaie, au taux de ce même capital monnaie loué, prêté à l'industrie, par la raison qu'il n'a jamais la chance de perdre ce capital : il ne court de risque que pour le loyer ou fermage. Aussi afferme-t-il sa propriété au taux de 2 à 3 p. 0/0 au plus. Dans le cas que nous venons de citer, le sol est *capital* pour le propriétaire et *instrument de travail* pour le fermier. Il est pour celui-ci ce que l'usine est pour l'industriel ; avec cette différence importante à noter que l'usine peut être détruite par l'incendie, par l'explosion d'une machine et une foule d'autres causes

qui anéantissent le capital représenté par l'usine entière, tandis que le capital sol ne peut jamais périr en
partie , que par des cataclysmes heureusement fort
rares.

Supposons maintenant qu'un industriel et un propriétaire aient besoin de capitaux, l'un pour exploiter son
usine, l'autre, sa propriété. La loi naturelle, qui doit
régler le taux de l'intérêt est, que ce taux, qui, à notre
avis, ne peut être fixé dans les codes, doit être en rapport avec les chances aléatoires que court le prêteur.
Il doit donc être librement débattu entre celui-ci et l'emprunteur. Telle est la règle naturelle équitable Le
taux de l'intérêt pour des prêts faits à l'industriel qui
offre au capital plus de chances de perte, que l'agriculteur propriétaire qui n'en présente aucune, devrait
être, en conséquence, supérieur à celui des prêts faits à
ce dernier.

Or, que se passe-t-il dans la pratique? L'industriel
emprunte à un taux infiniment inférieur à celui qui est
exigé de l'agriculteur, si on tient compte des chances
aléatoires et de la quotité des bénéfices réalisés par
l'un et par l'autre. En effet, dans toutes les villes où
sont établies des succursales de la Banque de France,
l'industriel peut se procurer des capitaux le plus sou-
vent à 4, 4 1/2 et 5 p. 0|0, ce qui, par rapport à la
quotité des bénéfices, est un taux très minime. Il suffit
qu'il puisse présenter à l'escompte des billets à trois
signatures. Dans toutes les autres villes et sur tous
les points qui offrent peu de ressources pour les emprunts et les négociations de valeurs de porte-feuille,
la grande, et même la moyenne industrie se mettent
aisément en rapport avec des banquiers établis dans les

villes possédant des succursales de la Banque, par l'intermédiaire desquels elles peuvent emprunter et négocier leurs valeurs, moyennant une légère commission ajoutée au taux de l'escompte. Lorsque le taux de l'escompte de la Banque est trop élevé, il arrive souvent que le banquier intermédiaire fournit des capitaux à un taux au-dessous de celui de la Banque de France. Nous avons souvent été en position de constater ce fait par nous-mêmes dans nos relations de petit industriel à banquier. — En somme, il est constant que le taux de l'intérêt des capitaux prêtés à l'industrie, est toujours au dessous des bénéfices qu'elle réalise : *sans cette condition vitale elle marcherait à la ruine.*

Les choses se passent tout autrement lorsque l'agriculteur emprunte pour l'exploitation de son instrument de travail, le sol. Nous l'avons déjà dit, nous ne craignons pas de le répéter ici et nous aurons encore à le rappeler plus loin : l'agriculteur, malgré le *gage certain*, par conséquent, malgré l'absence de toutes chances aléatoires, ne peut emprunter sur hypothèque au-dessous de 5 p. 0/0, et il retire de 2 à 3 p. 0/0 au plus, à moins qu'il ait eu la rare chance d'acheter par expropriation une terre au-dessous de la valeur qu'on aurait pu en retirer dans des conditions normales, c'est-à-dire sans avoir recours à la vente forcée.

A quelles causes principales peut-on raisonnablement attribuer cette anomalie, cette différence qui existe entre la situation de l'industrie et celle de l'Agriculture, au point de vue de l'emprunt? D'une part, l'industrie et le commerce ont su organiser leur crédit par la création d'une certaine quantité de capitaux circulants. Ces capitaux ne consistent pas en monnaie métallique d'or, d'argent ou de cuivre : ils se composent d'une *monnaie de papier*, reposant en définitive *sur la confiance et sans gage matériel*. Nous aurons à examiner plus bas l'organisation de cette institution de crédit qu'on nomme la *Banque de France*, institution qui a *monopolisé le crédit industriel*, et qui cependant n'en a pas moins contribué pour la plus large part au développement et à la prospérité de l'industrie française. Après cet examen, nous aurons à rechercher s'il ne serait pas possible de créer spécialement pour l'Agriculture, et marchant parallèlement à la Banque de France, une institution de crédit agricole reposant non-seulement sur la confiance, mais sur un gage *matériel*, d'une valeur *impérissable* et par conséquent *infaillible*. Nous allons tout à l'heure en déterminer nettement le but, et plus loin nous indiquerons les moyens qui nous paraissent les plus pratiques pour l'atteindre.

En second lieu, cette situation faite à l'Agriculture provient de ce que la plupart des capitalistes ont été attirés vers la spéculation sur les valeurs mobilières. Le petit nombre de ceux qui préfèrent placer leurs capitaux sur la propriété agricole (par la raison qu'ils y trouvent toute sécurité et un intérêt relativement élevé), est devenu d'autant plus restreint, que les difficultés de procédure pour le remboursement et même pour le simple paiement des intérêts sont lentes, si on les compare à celles édictées par les lois commerciales, en vue de la réalisation rapide des prêts faits à l'Industrie ou des placements sur valeurs mobilières. Si donc la demande dépasse l'offre, le taux de l'intérêt dans les conditions actuelles où se trouve l'Agriculture, doit tendre plutôt à s'élever qu'à descendre.

De tout ce que nous venons de dire, il nous paraît résulter que l'organisation du crédit est dans l'ordre inverse de ce qu'elle devrait être : car le SOL, étant la source de tous les capitaux matériels, il semblerait rationnel d'en conclure que le sol devrait non-seulement fournir ces capitaux matériels, mais encore prêter à l'Industrie pour la transformation des matières premières que seul il lui donne. C'est le contraire qui a lieu : car la plupart des capitalistes qui prêtent à l'Agriculture sont des industriels retirés des affaires et qui placent, au mieux de leur intérêt et de leur sécurité, les fruits de leur travail et de leurs épargnes.

Est-il possible que dans l'organisation actuelle du crédit, ou pour être plus vrais, en l'absence de toute organisation de crédit agricole, l'Agriculture qui paie 5 p. 0/0, non compris les frais d'acte, d'inscription hypothécaire, etc., et qui ne retire que 2 à 3 p. 0/0 au plus, puisse parvenir à réaliser des épargnes et à devenir à son tour capitaliste? Les faits et les résultats répondent pour nous. Quel est donc le remède le plus pressant à employer pour améliorer cette situation de l'Agriculture?

A notre avis, il faut, avant tout, créer pour la propriété foncière et pour l'agriculture une institution de crédit qui ait pour objet :

1º De prêter à tout propriétaire du sol sur hypothèque, à long terme et à un taux inférieur à la quotité du revenu, même en y comprenant l'annuité de l'amortissement et tous les frais d'administration.

2º De prêter sur consignation de denrées, sur cheptel et sur récoltes pendantes, lorsque la Banque aura organisé ce service, tel qu'il sera possible plus tard.

En attendant, elle accordera un certain crédit aux
agriculteurs (propriétaires ou fermiers), au moyen des
annuités destinées à l'amortissement des emprunts
contractés par le propriétaire du sol, aux conditions qui
seront fixées dans les statuts.

Le taux de l'intérêt *inférieur au revenu* est d'autant
plus indispensable, que, sans cette condition, l'industrie
agricole n'est pas plus viable que l'industrie manufacturière qui ferait des emprunts à un taux plus élevé
que ses bénéfices.

Le but principal de cette étude est de rechercher
les procédés applicables à l'organisation du crédit
agricole, après en avoir formulé le but et les principes. Ce but et ces principes déjà indiqués en partie
et qui seront complétés dans le troisième et le quatrième
chapitre, personne, nous osons le croire, né les contestera. Mais l'organisation du crédit agricole, même
complète, n'est pas la panacée universelle destinée à
guérir tous les maux qui affligent l'Agriculture. Les
propriétaires qui s'occupent à faire valoir leur domaine,
auront beau jouir de tous les avantages du crédit,
qu'ils ne réussiront pas à réaliser des bénéfices et
des épargnes, s'ils abandonnent leur exploitation à
des hommes d'affaires inintelligents et cupides; ils
doivent bien se persuader qu'ils ne parviendront à
retenir les ouvriers des champs que par l'attrait de
l'*intérêt*. C'est le seul mobile qui les attachera au propriétaire et au sol. Il faut que l'agriculteur intéresse *tous*
ses coopérateurs par l'association aux bénéfices de l'exploitation de la propriété foncière. L'Agriculture se prête
d'autant plus à l'application du principe d'association,
que quelques propriétaires intelligents de leurs intérêts

ont déjà commencé avec succès à en donner l'exemple. Les propriétaires doivent travailler sans cesse à répandre l'instruction élémentaire et professionnelle appliquée à l'Agriculture, à favoriser la fondation des sociétés de secours mutuels, à employer en un mot tous les moyens de garantie que l'industrie a su créer pour ses travailleurs. Le propriétaire doit, avant tout, surveiller sans relâche et par lui-même l'exploitation dans tous ses détails, et se tenir constamment sur sa propriété, comme l'industriel à son usine, comme le commerçant à son comptoir.

Nous n'ignorons pas les difficultés qui se présentent en foule pour parvenir à réformer, même dans une très faible proportion, l'organisation vicieuse de l'exploitation agricole; car il y a à lutter contre l'ignorance, la routine et les préjugés.

Nous sommes convaincu que des tentatives d'associations en participation, convenablement combinées, donneront d'excellents résultats; car nous en avons fait l'expérience concluante, soit comme industriel, soit comme propriétaire. Il ne faut pas croire qu'une année d'essai dans cette voie soit suffisante pour la confirmer ou la faire rejeter. La défiance des travailleurs des champs, surtout, est toujours en éveil lorsque le propriétaire propose de changer, même pour les améliorer à leur profit, les conditions habituelles du travail et de la répartition.

Qui donc peut penser qu'avec l'ignorance la plus profonde, et une existence de misère, vouée au labeur le plus pénible, le travailleur des champs puisse concourir à la richesse exclusive du propriétaire (car telle est sa conviction), si l'aiguillon de l'intérêt personnel ne l'excite pas? Quelle solidarité peut lier entr'eux, maîtres et travailleurs, lorsque de part et d'autre l'ignorance de meilleurs procédés d'organisation et d'exploitation les conduit fatalement à l'insouciance, à l'incurie, à la défiance qui deviennent la base de leurs rapports? Ne sait-on pas cependant que l'ignorance enfante la misère, la routine et les préjugés et arrête tous les progrès possibles? Nous pourrions appuyer ces assertions des preuves les plus irrécusables : mais il nous semble suffisant de les énoncer, sans avoir à en présenter la démonstration, hélas! trop évidente et trop connue. Ce qui nous paraît certain, incontestable, c'est que l'organisation du crédit agricole, telle que nous l'avons formulée ci-dessus et telle qu'elle peut, à notre avis, être réalisée, aboutira nécessairement à affranchir l'Agriculture de la lèpre principale qui la dévore, c'est-à-dire de l'emprunt à un taux excessif et ruineux. Nous ajoutons que lorsqu'elle n'aura plus cette préoccupation incessante de satisfaire aux exigences d'un emprunt onéreux, parce qu'il est *supérieur à la quotité de ses revenus*, elle pourra se livrer à appliquer au travail agricole les meilleurs procédés de production, en faisant participer tous les travailleurs des campagnes aux résultats qui en seront la conséquence.

Mais, le crédit à long terme et à bon marché ne portera tous ses fruits que lorsque les propriétaires comprendront qu'ils ont intérêt à entourer les travailleurs des champs d'une sollicitude éclairée, jusqu'à ce que, par eux-mêmes, ceux-ci soient en position d'agir par leur initiative personnelle. Le logement, la nourriture, les vêtements, l'instruction élémentaire et professionnelle, les secours de toute nature en cas de maladie,

en un mot tout ce qui, dans ce moment, tend à attirer
l'ouvrier des campagnes vers l'industrie manufacturière
et les grands centres, doit être l'objet des soins et de
la prévoyance des propriétaires. Ils peuvent être certains que, par l'emploi simultané de tous ces moyens,
ils arrêteront l'émigration des campagnes, qui n'a pas
d'autres causes que la *privation d'un certain bien-être
matériel, intellectuel et moral dont jouissent aujourd'hui
la plupart des ouvriers de l'Industrie.*

La partie critique de ce travail, au point de vue de
la situation actuelle de l'Agriculture, quoique très incomplète, nous paraît suffisante pour justifier la nécessité de la prompte organisation du crédit agricole. Nous
nous proposons d'étudier, dans le chapitre suivant,
l'organisation de la Banque de France qui nous servira
de point de départ et d'exemple pour celle du véritable
Crédit foncier et agricole.

CHAPITRE III.

Banque de France.

Avant d'exposer le système de crédit agricole, tel que nous le comprenons, il nous a semblé utile, pour en bien faire comprendre la base et le fonctionnement, de jeter un coup d'œil sur l'organisation de la Banque de France. Ce n'est pas que cet établissement de crédit doive nous servir de modèle : car, les conditions du crédit industriel n'étant pas les mêmes que celles de l'Agriculture et de la propriété foncière, il ne serait *ni rationnel, ni possible* d'employer les mêmes moyens.

La Banque de France est formée d'une association de capitalistes, dont le capital était de 91,250,000 fr. divisé en 91,250 actions de 1000 fr. chacune, avant qu'elle ne fût autorisée à le doubler, sous la condition

7

qu'elle prêterait ce nouveau capital à l'Etat, contre des titres de rente 3 0/0 à un prix déterminé. Ces titres de rente augmentaient donc le premier capital d'une somme égale qui devait permettre à la Banque, en même temps que l'extension de l'escompte, la diminution du taux de l'intérêt et la fondation de succursales dans tous les chefs-lieux de département et dans quelques villes industrielles où ses services pourraient être utiles. Il n'en a pas été ainsi : car, au lieu de diminuer le taux de ses escomptes, elle a obtenu avec la prorogation de son privilége, le droit de l'augmenter au-delà des limites du taux légal : ce taux a été un moment de 10 0/0. Quant aux succursales, il en reste un certain nombre à établir.

La Banque de France a pour but d'escompter les effets de commerce, revêtus de trois signatures reconnues valables par un comité d'escompte. L'échéance des billets escomptés ne peut dépasser trois mois.

Elle fait des avances sur dépôt de titres de rente sur l'Etat, de lingots d'or et d'argent, d'actions et obligations de chemin de fer et autres valeurs mobilières.

Ces diverses opérations ne peuvent être faites avec son capital *réel*, ou capital fourni par les actionnaires, puisque ce capital, aux termes des statuts, a dû être déposé dans ses caves ou placé, *en partie*, en rentes sur l'Etat. Elle a dû être autorisée par privilége exclusif à fabriquer des billets à vue, au porteur, dont la somme a été élevée jusqu'à 525 millions par la loi du 22 décembre 1849. C'est avec ce papier-monnaie qu'elle opère toutes les transactions qui font l'objet de ses statuts.

Elle peut élever ou abaisser, selon les circonstances

dont elle est seule juge, le taux de l'escompte, et réduire la limite du terme au-dessous de 90 jours.

Voilà sommairement le but de la Banque de France et les moyens de le réaliser.

Nous sommes loin de nous insurger contre ce privilége exorbitant, accordé aux actionnaires, de fabriquer avec un capital de 91,250,000 francs, dont ils retirent l'intérêt (au moins pour une partie) une monnaie de papier plus que quintuple du capital qu'ils ont versé. Nous apprécions trop bien la nécessité et l'utilité des capitaux de circulation pour que nous puissions blâmer ces moyens simples et commodes de faciliter et d'étendre les transactions du Commerce et de l'Industrie. Mais, il nous sera permis d'examiner si la rétribution exigée par la Banque de France est en rapport avec les services qu'elle est appelée à rendre. Pour arriver à cette constatation, il nous paraît utile de faire connaître une note adressée le 10 mai 1810 à la Banque de France, sur l'ordre de S. M. l'Empereur Napoléon 1er, par l'entremise du comte Mollien. Nous citons textuellement quelques fragments de cette note reproduite par le *Moniteur* du 29 janvier 1857. C'est d'ailleurs, une exposition aussi complète que possible de la théorie et des moyens employés par la Banque.

Après avoir rappelé la fixation du capital de la Banque par les lois de l'an VIII, de l'an XI et de 1806, la note ajoute :

« La destination de ce capital n'a pas été de donner
» à la Banque les moyens propres d'exploiter son
» privilége ; ce capital n'est pas l'*instrument* de ses
» escomptes, car ce n'est pas avec *son capital* qu'elle
» peut escompter. Son privilége consiste à *créer*, à
» *fabriquer une monnaie particulière pour ses escomptes.*

» Si une Banque employait son capital à ses escomp-
» tes, elle n'aurait pas besoin de privilége; elle serait
» dans la condition commune de tous les escompteurs,
» mais elle ne pourrait pas soutenir leur concurrence;
» car, d'un côté, elle fait nécessairement plus de dé-
» penses pour escompter, et de l'autre, elle doit faire
» moins de profits sur chaque escompte, puisqu'elle
» escompte à un taux plus modéré.

» C'est, INDÉPENDAMMENT DE SON CAPITAL, qu'elle
» crée, par ses billets, son véritable et unique moyen
» d'escompte.

» Son capital est et doit donc rester étranger à ses
» opérations d'escompte. La formation de ce capital
» est un acte préliminaire aussi distinct de l'activité
» d'une Banque, comme machine privilégiée d'es-
» compte, que la prestation du CAUTIONNEMENT d'un
» comptable est distincte de sa gestion proprement
» dite.

» La condition de fournir un capital n'est imposée
» aux entrepreneurs d'une Banque, que pour assurer
» à ceux qui admettent ses billets comme la *monnaie*
» *réelle*, un GAGE et une GARANTIE contre les erreurs,
» les imprudences que cette Banque pourrait commet-
» tre dans l'emploi de ses billets, contre les pertes
» qu'elle essuierait, si elle avait admis des valeurs
» douteuses à ses escomptes; en un mot (pour em-
» ployer l'expression technique du commerce) contre
» les AVARIES de son portefeuille.

» Une Banque n'émettant pas et ne pouvant émettre
» des billets qu'en échange de bonnes et valables let-
» tres de change à deux et trois mois de terme au plus,
» elle doit avoir constamment dans son portefeuille,

» en telles lettres de change, une somme au moins
» égale aux billets qu'elle a émis ; elle est donc en
» situation de retirer TOUS SES BILLETS de la circulation
» dans un espace de trois mois par le seul effet de
» l'échéance successive de ses billets, SANS AVOIR
» ENTAMÉ AUCUNE PARTIE DE SON CAPITAL.

» Ainsi, après avoir établi que le capital d'une
» Banque n'intervient pas dans ses escomptes, comme
» MOYEN DIRECT , on peut ajouter qu'il n'intervient pas
» plus dans sa LIQUIDATION, si elle n'a fait que des
» escomptes réguliers, c'est-à-dire si elle n'a émis des
» billets qu'en échange de lettres de change VÉRITA-
» BLES, NÉCESSAIRES représentées par des marchandises
» que *le revenu des consommateurs paiera*, si c'est le
» besoin de la consommation qui les a appelées.

» Le capital fourni par les actionnaires d'une Ban-
» que, n'étant, à proprement parler, qu'une espèce
» de cautionnement qu'ils donnent au public, on pour-
» rait presque dire, qu'une BANQUE QUI SERAIT PARVE-
» NUE A SE FAIRE UNE RÉPUTATION D'INFAILLIBILITÉ
» n'aurait pas même besoin de capital pour exploiter
» son privilége, c'est-à-dire pour escompter, avec les
» billets fabriqués par elle, les lettres de change qui
» lui seraient apportées par le commerce..... »

La note cite ici la Banque de Londres, fondée en
1692, avec un capital de 24 millions, capital qu'elle
prêta immédiatement au trésor royal de Guillaume III.
La note ajoute que l'opération de l'escompte par une
Banque est si délicate et si capitale, qu'elle n'admet
le mélange d'aucune autre sollicitude, et que ceux qui
dirigent les escomptes, étant les juges du commerce,
ne doivent pas descendre dans l'arène des commerçants.

Mais reprenons la citation de cette note remarquable
dont la suite ne peut être analysée.

« Pour qu'ils (ceux qui dirigent les escomptes des
» Banques) jugent avec impartialité tous les actes des
» négociants, il faut qu'ils puissent s'abstenir d'y pren-
» dre une part active, même pour l'administration du
» capital de la Banque, et rien n'est plus inconciliable
» avec le haut arbitrage qu'ils exercent par l'escompte
» que cette recherche des profits qui accompagnent les
» placements temporaires.

» Si donc, il a pu convenir aux finances de Guil-
» laume III, que la Banque qu'il établissait lui prêtât
» à un intérêt, modique alors (6 0/0) le capital ou le
» cautionnement fourni par ses actionnaires, il ne con-
» venait pas moins à la Banque de Londres de le faire ;
» et ce premier acte, par quelque motif qu'il ait été
» inspiré, a peut-être eu une assez grande influence
» sur la *bonne direction* qu'elle a suivie pendant au
» moins un siècle.

» La Banque de Londres, dès son origine, n'a plus
» connu qu'un seul devoir, qu'un intérêt, celui de bien
» diriger son ESCOMPTE DIRECT, qu'elle a constamment
» circonscrit dans la seule ville de Londres, *d'autres*
» *Banques s'étant successivement élevées dans les autres*
» *comtés pour l'escompte local de ces comtés.*

» Si la Banque de France est appelée à donner une
» plus grande extension à *ses escomptes directs*, à établir
» pour son compte des comptoirs dans toutes les villes
» de l'Empire qui peuvent produire *une bonne matière*
» *escomptable*, c'est assurément un motif de plus pour
» qu'elle s'épargne le surcroît de sollicitude que pour-
» rait lui donner l'administration journalière de son

» capital, qu'elle écarte de ses actionnaires la pensée
» que ce capital pourrait, par la *variation de ses place-*
» *ments*, être jeté dans un mouvement en quelque sorte
» *aléatoire, qu'elle écarte des porteurs de ses billets, dont*
» *le suffrage demande bien plus de ménagements encore*
» *que celui de ses actionnaires* (c'est-à-dire du public
» tout entier qui admet comme *réelle la monnaie qu'elle*
» *fabrique*), l'opinion que l'espèce de CAUTIONNEMENT
» qui réside dans ce capital, comme GAGE SUPPLÉTIF du
» portefeuille de la Banque, peut essuyer, par les vices
» de l'escompte, pourrait lui-même éprouver quelques
» avaries.

» Le capital d'une Banque doit, par la forme de son
» placement, rester en quelque sorte toujours IMMUA-
» BLE pour que sa consistance ne soit jamais soup-
» çonnée d'ALTÉRATION ; il doit en même temps rester
» dans un état immédiatement DISPONIBLE, puisqu'il
» doit toujours être prêt à *couvrir les pertes du porte-*
» *feuille.* — Une partie de ce capital doit former une
» réserve en ESPÈCES ; cette partie est improductive
» d'intérêts. Le meilleur emploi qui puisse être fait
» du reste, semble être la conversion en EFFETS DE LA
» DETTE PUBLIQUE du pays, négociables sur place, puis-
» que ce placement joint à l'avantage d'assurer un
» intérêt favorable et régulièrement payé, celui de la
» DISPONIBILITÉ LIBRE, si le besoin de la Banque l'exi-
» geait ; et quoique ce dernier cas ne puisse jamais
» arriver dans une Banque qui n'a livré ses billets
» qu'en échange de la BONNE MATIÈRE ESCOMPTABLE, la
» prudence oblige toutefois de le prévoir.

» Il faut qu'une Banque se maintienne en état de se
» liquider à tout moment, d'abord vis-à-vis des por-

» teurs de ses billets, par la réalisation de son porte-
» feuille, et, après les porteurs de ses billets, vis-
» à-vis de ses actionnaires, par la distribution à faire
» entre eux de la portion du capital fourni par chacun
» d'eux. *Pour ne jamais finir, une Banque doit être*
» *toujours prête à finir.* »

Cette note est l'exposé le plus net, et le plus précis du mécanisme et de la théorie sur lesquels repose la Banque de France; et qui doivent être la règle de toutes les Banques fondées pour le Commerce et l'Industrie. Ces sortes d'établissements, en effet, ont absolument besoin d'un gage en *monnaie métallique pour parer aux avaries du portefeuille*, précisément parce que la première condition de vitalité pour une Banque industrielle et commerciale doit être de pouvoir être rapidement liquidée, PUISQU'ELLE OPÈRE ET NE PEUT OPÉRER *que sur une matière escomptable à* COURTE ÉCHÉANCE.

Nous l'avons déjà dit : il n'est pas dans notre pensée de nier les immenses services que la Banque de France a rendus, rend encore et rendra au Commerce et à l'Industrie. Le seul fait de son capital triplé, quadruplé et plus que quintuplé, facilite les transactions, en assimilant *presque* son papier-monnaie au numéraire. Mais il est permis d'examiner si, en compensation du privilège de battre monnaie, elle rend tous les services qu'on a droit d'attendre d'elle, et si elle ne les fait pas payer trop cher.

Si la Banque de France exerce sur la matière escomptable un contrôle souverain, sans appel, et qu'elle exige trois signatures reconnues solvables par ses comités d'escompte, si les titres mobiliers sur le dépôt desquels elle fait des avances, ne peuvent, dans aucun cas, descendre au-dessous du chiffre des sommes avancées, *par conséquent des billets émis*, quel est le taux qui lui est légitimement dû ? Examinons, sans parti pris, ce que la Banque a le droit d'exiger des emprunteurs.

Il est évident que, si la Banque se bornait à escompter avec le capital de ses actionnaires des billets à ordre (même revêtus de trois signatures) pour une somme égale à ce capital, elle ne devrait, légitimement, exiger que le maximum d'intérêt fixé par la loi à 6 p. 0/0 l'an. Elle pourrait également ajouter au taux de l'intérêt la commission que les banquiers ordinaires prélèvent et qui généralement ne dépasse pas 1/2 p. 0/0 pour trois mois. Cette commission suffirait parfaitement à couvrir ses frais d'exploitation, puisque les banquiers s'en contentent. Mais, comme elle a été autorisée à émettre des billets de circulation, limités par la loi du 22 décembre 1849 au chiffre de 525 millions, et que son capital, *à cette époque*, était de 91,250,000 francs, y compris les capitaux des anciennes banques départementales, il est facile de voir, qu'en réalité, son capital de circulation a été à peu près *sextuplé*. Admettons que la moyenne de circulation de sa monnaie fiduciaire soit de 300,000,000 fr.; admettons même que la moyenne du taux de l'escompte soit de 4 p. 0/0, ce qui ne paraîtra pas exagéré depuis cinq ans ; il est évident, qu'indépendamment des arrérages perçus par la Banque sur une partie de son capital placé en rentes sur l'Etat, elle reçoit plus de 12 p. 0/0 du capital de 91,250,000 fr. Est-ce clair ? Est-ce juste ? Nous avons même la certitude d'être au-

dessous de la vérité si nous prenons en considération
le prix des actions, qui n'est pas moindre de 3,500 à
3,600 francs.

En compensation de ce monopole si exorbitant, la
Banque ne devrait-elle pas diminuer le taux de ses
escomptes, et , surtout, était-il juste de l'autoriser à
sortir des limites du droit commun, lorsque déjà son
privilége de battre monnaie, et les conditions qui y
sont attachées la rendent maîtresse du crédit commercial? Quel rôle, en définitive, joue-t-elle dans le prêt
sur billets à ordre et lettres de change escortés de
trois signatures passées au crible de ses comités d'escompte? Le voici :

Au moyen du capital versé par les actionnaires, elle
devient *caution* vis-à-vis du public des billets à vue
qu'elle émet et dont le montant est couvert par les billets
escomptés au Commerce et à l'Industrie; de *sorte qu'avec
91,250,000* elle ASSURE *une somme d'émission cinq et six
fois plus considérable*. Nous sommes loin de critiquer ce
moyen ; bien au contraire. Mais il nous est permis d'exprimer cette pensée, qu'elle fait payer fort cher, trop
cher, la prime d'assurance, puisque , même avec des
calculs établis sur une moyenne incontestablement faible , le *taux légal* de l'intérêt se trouve presque doublé.
N'avons-nous pas raison d'affirmer que la prime est
trop chère? Les compagnies d'assurance font payer des
primes en rapport avec les risques : c'est justice. Or,
quelles sont les chances de la Banque escomptant des
billets revêtus de trois signatures dont , SEULE , elle
a le droit d'apprécier la solvabilité? A notre avis, ces
chances se réduisent à zéro ; nous n'en voulons pour
preuves que les comptes-rendus annuels de la Banque ;

et la confiance dont jouissent ses propres billets à vue
admis presqu'au même titre que le numéraire.

En dehors de l'intérêt légal , la prime d'assurance
doit donc être de peu d'importance et ne pas s'élever
de façon à ce que des actions de 1,000 fr. arrivent par
le monopole à valoir 3,500 et 3,600 fr. — car la Banque, telle qu'elle est constituée, ne saurait être classée
dans la catégorie des spéculations et des assurances
ordinaires. Elle jouit du *monopole de battre monnaie ,
de choisir ses valeurs , de limiter les échéances et d'avoir
en outre le privilége d'augmenter le taux de l'escompte.* En
compensation d'un monopole si exorbitant, la Banque
de France ne devrait-elle pas être obligée de ne pas trop
s'éloigner des limites du taux légal ? Si l'on veut effacer le *taux légal* de nos codes, et laisser ainsi la liberté
au taux de l'intérêt, nous ne demandons pas mieux ;
mais alors , pour être conséquent , il faut exiger que
la Banque de France se renferme dans le cercle du droit
commun , ou bien qu'on lui enlève son droit exclusif en
autorisant, *sous certaines garanties* , d'autres Banques
similaires indépendantes. Le public saura bien vite à
quoi s'en tenir sur le choix qu'il aura à faire. Le taux
de l'intérêt, au lieu de tendre à monter, comme il
arrive toujours par le monopole, sera incontestablement
abaissé jusqu'à un certain niveau par la concurrence
qui résultera de la liberté , ayant pour contrepoids et
régulateur la nécessité pour les Banques d'offrir, outre
toutes les garanties possibles de sécurité, l'escompte à
bon marché. Mais revenons à la question qui nous occupait tout à l'heure. N'est-ce pas la solvabilité reconnue des trois signatures des billets à ordre escomptés
contre des billets de la Banque de France , qui donne
à ces derniers la confiance du public et par conséquent

la circulation facile dont-ils jouissent? S'il en est ainsi,
quelle conséquence devons-nous en déduire ? C'est ce
que nous allons rechercher.

Au moment où la Banque, après avoir déposé son
capital de fondation dans les caves, confectionne ses
billets de circulation au porteur, payables à vue, en
espèces, il est certain que ces billets ont leur valeur
réelle et intégrale tant que la somme des billets est
égale à celle de la monnaie immobilisée dans ses caves.
Si elle en crée pour une somme double, ces billets
n'ont qu'une valeur nominale, car alors le gage réel
qui les représente, étant de 1,000 fr. par exemple,
les deux billets créés ne valent en réalité que 500 fr.
chacun, tant que l'échange n'a pas été opéré contre la
matière escomptable. Il y a en conséquence sur chacun de ces billets une *dépréciation proportionnelle à la
quantité créée par rapport au capital déposé.* D'où il
résulte que la Banque avec son capital de 91,250,000 fr.
ayant été autorisée par la loi du 22 décembre 1849
à élever à 525,000,000 fr. l'émission de ses billets, le
rapport se trouve être comme 1 à 5. 75 environ. En
sorte qu'à ce moment, si la Banque eût commencé
ses opérations, un billet de 1,000 fr. ne valait en réalité que 174 fr. La Banque de France disposait donc
à ce moment d'un capital de circulation près de six
fois plus important que le capital versé par ses actionnaires et notons bien que ce capital sextuplé ne lui
coûtait que les frais d'achat de papier et d'impression !

Aussitôt que la Banque commence ses opérations
d'escompte, c'est-à-dire qu'elle échange ses billets au
porteur contre des effets de commerce *à trois signatures reconnues solvables par elle-même,* il arrive que
les billets mis en circulation, jouissent aux yeux

du public de toute leur valeur, parce que le public n'ignore pas qu'ils reposent sur un gage qui lui paraît mériter sa confiance, et qu'en outre des trois signatures préalablement reconnues de toute solidité, il y a comme cautionnement, comme garantie des pertes présumées, tout le capital de fondation. Il convient de dire dès lors que le papier-monnaie de la Banque est assuré, d'abord et principalement, par *les trois signatures* apposées sur les billets du commerce et, en second lieu par son capital plus que suffisant pour parer aux pertes éventuelles. Mais comme, *en réalité, ces trois signatures donnent la valeur totale et véritable à son papier-monnaie*, il en résulte que la BANQUE DE FRANCE FAIT PAYER LE CRÉDIT QU'ELLE REÇOIT. Qu'on relise avec attention la note du comte Mollien, et on y trouvera la justification de cette conclusion forcée.

Nous disons forcée ; car si la centralisation de diverses Banques départementales en une seule Banque ayant son siége central à Paris et des succursales sous sa direction, a amené l'*unité* dans le papier-monnaie (ce qui est un progrès, mais qui devrait coûter moins cher), il ne faut pas moins reconnaître que la fusion des Banques en une seule, a concentré sur la Banque de France un monopole qui rend le Commerce et l'Industrie *tributaires forcés de son privilège*. L'Etat lui-même n'a pas été sans en subir la pression : il serait facile de le prouver.

Pour rester dans les limites de l'équité et du droit commun, la Banque ne devrait être autorisée à percevoir, à cause de son privilége, et en compensation de ses services, que le taux légal de 6 0/0 sur son capital de fondation, en ajoutant une légère prime d'assurance et ses frais d'administration. Ce serait assez payer ses services. Ainsi, en admettant une circulation moyenne triple de son capital, elle pourrait, tout en donnant des dividendes plus élevés que les bénéfices des banquiers ordinaires, fixer le taux maximum de l'escompte à 3 p. 0/0, ce qui lui donnerait un intérêt de 9 p. 0/0 sur le capital primitif. De cette façon on n'aurait plus le droit de dire que *la Banque fait payer le crédit qu'elle reçoit.*

Nous n'en avons pas fini avec l'organisation de la Banque de France, et les questions relatives aux divers agents de circulation. Avant de présenter notre système de crédit agricole, nous avons besoin de faire comprendre et de bien établir les *fictions nécessaires* qui sont la base du fonctionnement de la Banque, et passer en revue les principaux agents de circulation à l'usage du Commerce et de l'Industrie. Nous aurons à nous répéter souvent, mais nous ne saurions prendre trop de précautions pour être clair. Nous n'écrivons pas pour le petit nombre de personnes familiarisées avec les questions de crédit. Nous écrivons principalement pour celles qu'une tactique intéressée pousse toujours à la défiance du papier-monnaie, comme s'il s'agissait des assignats de triste mémoire.

Les agents de circulation fiduciaire ne manquent certes pas à l'Industrie et au Commerce. Nous pouvons citer en première ligne le *billet à ordre*, qui n'est autre chose que le *moyen de mobiliser la valeur d'une marchandise vendue où la représentation d'un prêt d'argent.* Ce billet est transmissible par voie d'endossement, depuis sa création jusqu'à son échéance. Pendant cette période, il est reçu en paiement par les industriels et les com-

merçants, presque toujours sans déduction d'escompte,
c'est-à-dire au pair. Plus ce titre circule, plus il acquiert
de solidité par le nombre des endosseurs. Les banquiers
et la Banque de France ne le reçoivent que sous certaines conditions, et en prélevant l'intérêt pour le temps
à courir jusqu'à l'échéance.

Il n'est pas possible d'apprécier même d'une manière
approximative, la masse des valeurs de cette nature
qui circulent pour ainsi dire, comme monnaie entre
commerçants et industriels. Mais, nous ne craignons pas
d'affirmer que la somme en est infiniment plus importante que celle des billets escomptés par tous les banquiers et la Banque de France elle-même. La lettre de
change constitue également une valeur de circulation
considérable, que nous confondons, sous ce rapport,
avec les billets à ordre.

Une partie des transactions commerciales est réglée
et liquidée au moyen de ces promesses de payer à une
échéance fixe : et comme les transactions sont pour
ainsi dire incessantes, quoique d'une importance variable, on peut dire qu'elles produisent par le billet à
ordre et la lettre de change une espèce de *mouvement
perpétuel de valeurs circulantes*, à échéance determinée,
mais constamment *renouvelées par des transactions nouvelles*. La quantité de ces valeurs est toujours en raison
directe de la vente des produits et du prêt sur billets à
ordre. Il est à désirer même, que l'usage de régler
chaque affaire, ou une courte série d'affaires, se géné-
ralise et que la somme de ces valeurs circulantes de-
vienne égale au total des transactions.

Il est bien difficile de se faire une idée exacte du
mouvement de circulation fiduciaire qui s'opère égale-

ment avec les coupons semestriels d'obligations au porteur, détachés le plus souvent avant l'échéance, par les détenteurs des titres. Pour notre part, nous en avons reçu en paiement, quelquefois trois mois avant leur échéance, et si en réalité, ce n'était pas de l'argent comptant, nous les avions acceptés et nous nous en servions comme tels. Les chèques sont aujourd'hui un nouveau mode de valeurs fiduciaires, ils circulent comme monnaie avant d'être présentés au tiré, parce qu'ils sont payables à présentation. Est-il besoin d'ajouter que tous les coupons susceptibles d'être détachés d'un titre de valeur mobilière, peuvent, en quelque sorte, être considérés comme agents de circulation fiduciaire, puisqu'ils en font l'office! Après tout, qu'est donc le billet de la Banque de France, sinon une promesse de payer au porteur, sans échéance fixe, mais payable à vue? Cette dernière formule était indispensable pour faire accepter ces billets comme monnaie par le public, qui s'en sert, parce qu'il peut y avoir confiance, sans même se rendre compte des fictions nécessaires qui y sont inscrites : car il serait *impossible* de rembourser tous les billets de Banque sans en venir à une liquidation, c'est-à-dire, à réaliser les billets du portefeuille qui leur servent de *gage*. Les billets de Banque circulent donc d'une façon toute autre que celle des billets à ordre; leur condition d'être payables à vue, fait que leur circulation continue jusqu'à ce que, par un trop long usage, il devient nécessaire de les remplacer.

Pour le moment, nous devons constater que le billet à ordre et la lettre de change à échéance fixe, sont de puissants éléments de circulation. Comme les billets de la Banque de France, ils reposent, non sur un gage *matériel, certain,* mais uniquement *sur la confiance que le paiement en sera effectué à l'échéance par le souscripteur ou par les endosseurs.*

Ce qui distingue les billets à ordre et les lettres de change des billets de Banque, c'est d'abord que ceux-là sont payables à une époque déterminée au dernier endosseur. Le billet de Banque, au contraire, est payable *au porteur, à vue.* Cette dernière condition, ainsi que nous venons de le dire, est une pure fiction, elle ne pourrait être immédiatement observée que pour un nombre de billets déterminé. Nous avons cru devoir traiter plus spécialement dans le quatrième chapitre la condition de l'échange obligatoire des billets contre espèces, condition nécessaire pour toutes les institutions de crédit industriel et commercial. Cette condition d'échange oblige ces banques de tenir constamment DISPONIBLE une certaine quantité de numéraire, qui constitue un *encaisse métallique indépendant du capital des actionnaires.* Cet encaisse, à la Banque de France, est environ du tiers de l'émission. En réalité, le remboursement intégral des billets est subordonné à la réalisation du portefeuille de la Banque ; il n'y aurait très certainement pas nécessité de toucher au capital des actionnaires. Il nous a paru nécessaire de bien établir cette différence. — En conséquence les uns circulent, parce que les signataires inspirent assez de *confiance* pour que le paiement en soit effectué à l'échéance fixe ; les autres, parce qu'on a la *confiance (toujours la confiance,* retenons bien le nom de ce *gage),* qu'à moins de révolutions, ou de cataclysmes commerciaux, le portefeuille de la Banque augmenté du capital de fondation, représente et au-delà, la monnaie fiduciaire qu'elle a émise.

Nous convenons sans efforts et sans arrière-pensée que ces garanties nous paraissent plus que suffisantes : car, à notre avis, et à celui de personnes plus autorisées que nous, la Banque pourrait se contenter de deux signatures au lieu de trois qu'elle exige. Si donc nous avons à adresser quelques critiques à cette institution de crédit, ce n'est pas de ce côté qu'elles peuvent porter. Toutefois, il est juste de dire que, depuis sa création, elle a ressenti le contre-coup de violentes crises commerciales, et que ses billets ont subi une certaine dépréciation au commencement du premier Empire. C'est qu'alors, il faut en convenir, la Banque était obligée de prêter non-seulement à l'Etat, mais encore aux fournisseurs de l'Etat. Or, l'Etat n'a pas de capital, il ne possède que des revenus, et il est constant dès lors que les titres de rente qu'il donne en échange des billets de circulation, ne sont pas à l'abri des variations de prix comme le sont les billets du portefeuille. Quant aux fournisseurs de l'Etat, les trois signatures n'étant pas exigées, il en résultait que la Banque était exposée nécessairement à bien des mécomptes. Aujourd'hui la Banque s'en tient strictement aux garanties qu'elle a le droit d'exiger : aussi elle est à l'abri de toute perte : même en 1848, elle n'a eu des billets en souffrance que pour une somme insignifiante. Cependant, à cette époque, la rente eut à subir une telle dépréciation que la Banque de France et les Banques départementales, qui avaient acheté à des prix très élevés des rentes sur l'Etat, se trouvèrent dans la nécessité de demander le *cours forcé*. Car leur crédit, par suite du placement du capital de garantie en rentes sur l'Etat subitement dépréciées, fut tellement ébranlé, que les demandes de remboursement des billets furent énormes.

C'est qu'il n'est pas possible d'assimiler *absolument* la monnaie fiduciaire d'une Banque industrielle à la monnaie métallique, d'abord et surtout par la raison *qu'elle est sans valeur intrinsèque;* en second lieu, parce *qu'elle repose sur de simples promesses de payer à échéance fixe, sans l'appui d'un gage matériel et certain, au moins équivalent, sinon supérieur à l'émission.*

De tout ce qui précède, nous pouvons conclure que la somme des billets de Banque remplace, dans la circulation fiduciaire, une partie de billets à ordre et des lettres de change, prise dans l'énorme masse de ces titres et escomptée par la Banque de France. Le rôle de la Banque se borne donc, pour ainsi dire, à revêtir de son *aval* les billets à ordre qu'elle escompte; et cette garantie limitée repose sur un capital cinq à six fois plus faible que la somme des billets escomptés, ou ce qui revient au même, de son papier-monnaie. Nous pouvons encore tirer cette conséquence naturelle que, *si toutes les transactions commerciales et industrielles, à terme, étaient réglées par des billets à ordre* et que l'usage déjà établi, de les accepter jusqu'à leur échéance, sans retenue d'intérêt, par quelques industriels et quelques commerçants, fût généralement répandu, les billets à ordre et les lettres de change tendraient naturellement à faciliter les transactions et à remplacer jusqu'à un certain point les billets de Banque. S'il en était ainsi, la Banque serait bien obligée, malgré son monopole, de diminuer le prix qu'elle attache à ses services : car, ainsi que nous l'avons dit, elle fait actuellement PAYER FORT CHER LE CRÉDIT QU'ELLE REÇOIT.

Si comme nous venons de le dire, l'usage de régler par des billets chaque vente ou une série de ventes

était bien compris, on en obtiendrait des résultats incalculables : car, chaque industriel, chaque commerçant aurait constamment en sa possession une véritable
monnaie fiduciaire qui, en circulant de portefeuille en
portefeuille, gagnerait une solidité à toute épreuve par
le nombre des endosseurs. Ces billets présenteraient,
après quelques jours de circulation, des garanties tout
aussi sérieuses que les billets de la Banque : ils auraient
*en moins la fiction indispensable à ces derniers, d'être
payables à vue.* Peut-être arriverait-on ainsi à la suppression du monopole de battre monnaie et à *l'économie complète de l'escompte.* Tel du reste nous paraît être
l'avenir réservé à l'Industrie et au Commerce. Car le
crédit est encore trop cher pour leurs transactions.

Une monnaie fiduciaire, pour se rapprocher le plus
possible de la sécurité attachée à la monnaie métallique, ne doit pas seulement reposer sur la *confiance*,
même sur une *confiance assurée* par un gage matériel,
(numéraire) cinq à six fois plus faible que l'émission,
quoique ce gage nous paraisse très suffisant, elle n'atteindra jamais à cette *sécurité immédiate* d'une monnaie
ayant par elle-même une valeur intrinsèque, mais elle
s'en rapprochera d'autant plus, et pourra, en quelque
sorte lui être assimilée, si la monnaie fiduciaire repose
sur *un gage matériel, d'une valeur au moins double
de celle de l'émission, et par-dessus tout, sur un gage
certain, d'une valeur intrinsèque, qui ne peut que s'accroître,* IMPÉRISSABLE, *et par conséquent* INFAILLIBLE.
Nous avons la conviction qu'il est possible de fonder
pour l'Agriculture une institution de crédit remplissant
ces conditions. Nous nous proposons de le démontrer
et d'en indiquer les moyens. Cette institution pourra

prêter à un taux de beaucoup inférieur au taux de l'emprunt par hypothèque, et, en tout cas, inférieur à la quotité du revenu de la propriété foncière. Elle sera le point de départ véritable de l'amoindrissement des crises de l'Agriculture et des améliorations dont l'Industrie agricole a tant besoin.

Ceci nous conduit à examiner une question, qui est aujourd'hui d'une grande importance : nous voulons parler de la nécessité qu'il y a de multiplier les capitaux de circulation, nécessité qui résulte de l'immense accroissement des transactions et des valeurs industrielles et de l'*émigration*, qu'on nous passe le mot, des capitaux qui allaient autrefois vers l'Agriculture et dont le courant se précipite à flots pressés vers les valeurs mobilières, au grand préjudice de la propriété foncière. Qui donc peut calculer la portée *de cette double émigration des capitaux et des ouvriers des campagnes ?* N'y a-t-il pas dans ces deux faits un danger imminent et redoutable ? Qui pourrait en douter ?

A propos des crises financières qui frappent périodiquement l'industrie et le commerce et qui pèsent incessamment de tout leur poids sur l'Agriculture, nous nous sommes bien souvent posé cette question :

N'y aurait-il pas avantage, n'y aurait-il même pas nécessité d'avoir deux sortes de monnaies ou signes d'échange, la monnaie à l'usage intérieur d'une nation et la monnaie destinée aux transactions extérieures ?

La première consisterait, indépendamment des billets à ordre du commerce et de l'industrie, en une monnaie fiduciaire assez GARANTIE pour se rapprocher le plus possible de la monnaie métallique, et pour pouvoir presque lui être assimilée. Cette monnaie fidu-

ciaire, pour devenir d'un usage général et commode à
toutes les transactions, devrait avoir des coupures à
partir de cinq ou de dix francs pour remplacer au
besoin les monnaies métalliques de valeurs semblables;
car, si ce papier-monnaie est bien garanti, au lieu
d'aller à la Banque demander l'échange d'un billet en
monnaie métallique d'or ou d'argent, on préférera recevoir des coupures de petites sommes. Notons bien
que des banques industrielles en Europe et en Amérique ont déjà des coupures de valeur très inférieure à
celle que nous donne la Banque de France. — Une
Banque foncière et agricole seule peut fournir à *la
circulation* cette monnaie fiduciaire qui, par sa QUANTITÉ
et *surtout* sa QUALITÉ, atténuera, si elle ne les empêche
pas, les crises financières provoquées trop souvent par
les excès et, disons-le, par la convoitise de tout ce qui
tient au monopole; dans tous les cas cette monnaie
fiduciaire ne pouvant pas dépasser nos frontières,
restera constamment disponible et attachée aux transactions de l'intérieur.

La seconde monnaie, fabriquée avec des matières d'or
et d'argent et d'autres métaux, ayant par conséquent,
une valeur intrinsèque, aurait cet immense avantage
de faire partie de la MONNAIE UNIVERSELLE, puisque, à
peu près sur tous les points du globe, les métaux qui
servent à sa fabrication, jouissent d'une valeur peu
variable. — Cette monnaie aurait donc le double caractère d'être en même temps monnaie de l'intérieur et
monnaie des échanges internationaux. On n'a pas à
redouter l'exportation exagérée du numéraire. Car on
n'a, en définitive, à quelques exceptions près, qu'à
payer des *différences* dans les échanges avec le com-

merce extérieur, *différences* qui d'ailleurs, reviennent tôt ou tard à leur source par les lois de la circulation.

Les relations de la France avec les nations qui l'entourent, sont devenues si fréquentes et d'une importance si considérable, que déjà nous voyons se manifester des tendances vers la création de cette *monnaie universelle* dont nous parlions tout à l'heure. — Le rouage des échanges internationaux sera singulièrement simplifié par l'adoption générale de l'unité de mesures et de monnaies. Signalons avec bonheur, que la Suisse, la Belgique et l'Italie ont déjà adopté le système décimal; et par des conventions particulières avec la France, leurs monnaies sont ou seront bientôt ramenées à des titres, à des poids, et à des divisions uniformes. C'est un symptôme qu'il est bon de présenter comme exemple à suivre par toutes les nations du globe. Nous verrons, il faut l'espérer, dans un avenir prochain, l'unité de mesures et de monnaies généralement adoptée, au moins en Europe. Ce sera peut-être un pas, un petit pas, il est vrai, vers la paix universelle.

Jusqu'à ce jour les monnaies métalliques ont été en France à peu près les seuls *capitaux de circulation réelle*; car, peut-on compter pour quelque chose les 500 ou 600 millions de papier fiduciaire émis par la Banque pour le service exclusif du Commerce et de l'Industrie dont les valeurs se sont élevées en 60 ans de 1 à 50 milliards? Cependant, malgré ces ressources si faibles, quels services cette institution de crédit n'a-t-elle pas rendus? Tout le monde reconnaît, en ce moment, l'insuffisance des capitaux de circulation, et la meilleure preuve que nous puissions en donner, à côté de tant d'autres, c'est que l'intérêt tend plutôt à monter qu'à descendre. La cause principale de cette tendance vient incontestablement de ce que l'appât de gros dividendes entraîne les capitaux vers les spéculations mobilières et les emprunts onéreux de certains Etats de l'Europe et de l'Amérique.

Les établissements de crédit n'ont jamais eu à souffrir de la hausse du taux de l'escompte et de l'intérêt, bien au contraire. La Banque de Londres dont le taux n'a guère cessé d'être très élevé depuis quelques années, a décidé que ses bénéfices lui permettaient d'augmenter les appointements de ses employés. Lorsque le taux de l'escompte est à 8 0/0, s'il cause des embarras au commerce et à l'industrie, il est loin de desservir l'administration de la Banque de Londres. Cette dernière réflexion ne s'applique-t-elle pas avec la même autorité à la Banque de France dont les actionnaires n'ont pas à se plaindre des dividendes distribués, pas plus que du prix élevé des actions qui s'élève constamment et tend à être toujours en rapport avec les dividendes ? — Ces dernières réflexions sont le résumé assez fidèle de l'opinion émise par M. Ducuing dont l'autorité est connue et appréciée de tous ceux qui s'occupent de questions financières.

En examinant pièce à pièce la machine de crédit connue sous le nom de Banque de France, nous avons pu faire apprécier sous leurs faces diverses, les résultats et les fruits du monopole et du privilége de battre monnaie. — Nous les livrons au lecteur, tels que nous les avons vus et que nous les voyons encore. Mais si nous nous sommes appesanti sur certains détails, c'est qu'il nous importait de faire comprendre que quelques-uns des procédés de la Banque de France pouvaient servir de modèle à l'organisation du crédit agricole.

Ici se présente, naturellement, cette question : La Banque de France peut-elle être, en même temps, la Banque de l'Industrie et celle de l'Agriculture? Tout le monde conviendra avec nous que ces deux fonctions sont incompatibles, et conduiraient à une confusion déplorable et probablement désastreuse. Que Dieu garde l'Agriculture des institutions de crédit fondées pour elle par des financiers! Ceux-ci doivent rester dans le cercle de l'Industrie et du Commerce, parce que les conditions du travail et la nature des produits s'accommodent d'échéances courtes, et que l'Industrie a la possibilité de payer l'intérêt à un taux plus élevé que la propriété foncière.

L'Agriculture et la propriété foncière doivent fonder par elles-mêmes une institution de crédit qui remplisse les conditions APPROPRIÉES À LEUR ORGANISATION, à la NÉCESSITÉ D'UN LONG TERME, et à un taux *au-dessous de la quotité du revenu*. Ce sont des *spécifiques* et non des *palliatifs* qu'il est absolument indispensable de leur administrer. C'est la question du *spécifique principal, primordial*, que nous allons indiquer et développer dans le chapitre suivant.

CHAPITRE IV.

Banque foncière et agricole.

—

Toutes les fois que le propriétaire du sol a besoin d'emprunter pour améliorer son domaine et l'exploiter avec plus de profit ; pour acquérir des instruments aratoires et des machines ; pour réparer les désastres d'une grêle ou d'une épizootie ; pour attendre l'occasion favorable de vendre ses denrées et ses produits momentanément dépréciés, il est obligé d'avoir recours à l'emprunt. Mais, comme les denrées agricoles exigent pour leur production une et quelquefois plusieurs années, la condition nécessaire pour le propriétaire foncier, c'est l'emprunt à *long terme*.

Le propriétaire ne pouvant s'adresser aux banquiers ordinaires, encore moins à la Banque qui ne prête qu'à courte échéance, et avec trois signatures, est obligé, en conséquence, d'emprunter par l'entremise des notaires, au taux légal de 5 p. 0/0 auquel il faut ajouter les frais du contrat d'emprunt, d'inscription hypothécaire, de quittance, etc., etc. Nous n'avons pas à examiner, en fin de compte, à quel prix revient le taux de la somme empruntée au taux légal, augmenté de tous ces frais. Mais nous pouvons affirmer que, plus la somme empruntée est faible, plus le prix est élevé.

Le *long terme* est donc la condition nécessaire pour le propriétaire qui contracte un emprunt : et souvent il voit avec terreur arriver le terme fatal de l'hypothèque, avant d'avoir retiré les avances déboursées pour mettre sa propriété en rapport. La seconde condition de l'emprunt pour la propriété foncière est le *taux* de l'intérêt au-dessous de la quotité du revenu.

A défaut de crédit à *long terme, facile et à bon marché,* l'Agriculture se ruine et se meurt. L'instrument de travail, le sol, est inabordable pour l'agriculteur intelligent et capable de diriger une exploitation d'une certaine étendue. Le fermier lui-même, qui est à la fois agriculteur et spéculateur, se trouve placé dans des conditions déplorables, au point de vue du crédit : car, sa spéculation consiste à obtenir une différence entre le prix du fermage et la somme des produits résultant de son travail personnel, de son intelligence, de ses avances, et des améliorations apportées par lui dans l'exploitation. Mais comment pourrait-il arriver à une différence rémunératrice, privé qu'il est du crédit à bon marché, et forcé le plus souvent de vendre ses denrées à vil prix pour payer le fermage?

Le commerce et l'industrie ont sur le propriétaire, l'agriculteur et le fermier, l'immense avantage de trouver, à toute heure, des banquiers ou des banques disposés à escompter leurs valeurs dont la *garantie est toute morale*. Pourvu que ces valeurs ne dépassent pas le terme de 90 jours, elles sont recherchées à un taux d'intérêt souvent inférieur au taux que paie le propriétaire foncier, mais toujours au-dessous de la quotité des bénéfices de l'industrie. D'où vient cette anomalie ? Comment se fait-il qu'avec un gage *certain*, INFAILLIBLE, la propriété foncière se trouve privée d'une institution de crédit appropriée à ses besoins, c'est-à-dire pouvant prêter à LONG TERME ET A BON MARCHÉ ?

La première de toutes les causes de cette situation anormale, c'est que les propriétaires sont restés, au point de vue de l'industrie agricole, à l'état de *rois-fainéants*. Autrefois ils jouissaient, outre les revenus d'immenses propriétés dont ils ne s'occupaient pas, du bénéfice des charges dans l'Etat, la magistrature, l'armée, le clergé. Depuis 1789, les conditions de la propriété ne sont plus les mêmes, les hommes intelligents peuvent parvenir aux plus hautes fonctions du gouvernement. Mais les propriétaires continuent à gérer leurs domaines de LOIN, comme si rien n'était changé, ne voyant dans le séjour momentané à la campagne, que le *Dolce far niente*, et le charme poétique de la contemplation de la belle nature. A la manière dont les choses se passent, il semble véritablement que le titre de propriétaire donne le privilége de se croiser les bras ! — Et, qu'on ne croie pas que nous exagérions ce tableau à plaisir ! que l'on se donne la peine de comparer l'activité brûlante de l'industriel à l'insouciance du propriétaire.

Cependant l'industrie agricole n'exigerait-elle pas, comme l'industrie manufacturière une surveillance incessante, et surtout intelligente? Le fonctionnement d'une exploitation agricole, malgré la multiplicité des éléments et des rouages, est le plus souvent, livré à l'incapacité et à la rapacité d'hommes d'affaires ou gérants plus occupés de s'enrichir que de s'inquiéter des revenus de maître. Nous en avons vu bien des exemples.

Le propriétaire n'a pas, comme l'industriel, l'esprit d'ordre, de prévoyance, d'économie, de bon emploi du *temps*, cet esprit spéculatif et d'initiative toujours tendu vers les moyens de production à bon marché, par les machines, par le crédit facile et par tous les éléments susceptibles de procurer des bénéfices.

Le propriétaire a dans ses mains le premier de tous les instruments de travail, et il ne sait pas s'en servir. Il y a plus : lorsque la science et l'expérience lui apportent des machines pour remplacer les bras qui lui manquent, ou des procédés de culture nouveaux, il ne *peut* ni acheter les premières, ni utiliser les seconds pour tirer du sol tout le revenu possible. Que lui manque-t-il donc? Mon Dieu! la réponse est facile. C'est *la clef de la musique*, qu'on nous passe l'emploi de ce dicton populaire! c'est le CRÉDIT A LONG TERME ET A BON MARCHÉ. — Il faut, de plus, que le propriétaire s'occupe lui-même de l'exploitation de sa propriété, comme l'industriel de son usine. Il doit être rendu le premier au chantier, en sortir le dernier et réfléchir au travail du lendemain, pendant que ses ouvriers se livrent à un repos réparateur.

Ce n'est pas tout encore : l'industriel et le commerçant ont su se procurer le crédit facile et économique, (élément indispensable à leurs entreprises et à leurs spéculations) au moyen de simples promesses de payer leurs matières premières, leurs machines, leur main-d'œuvre, etc., etc.; par conséquent, au moyen de *la confiance en leur solvabilité*. Pourquoi donc les propriétaires qui possèdent le meilleur et le plus solide des capitaux et des instruments de travail, n'ont-ils pas cherché à fonder pour eux et par eux-mêmes un établissement de crédit qui serait ce que nous avons appelé *la clef de la musique*? Il faut croire qu'ils ont péché plus par ignorance des moyens qui pouvaient les sauver de la ruine, que par insouciance, et ils sont dès-lors plus malheureux que coupables.

Puisque les propriétaires n'ont pas eu assez d'initiative pour chercher à ouvrir la porte de la prospérité avec la clef du crédit, permettront-ils à un industriel qui a eu longtemps occasion d'apprécier leur situation déplorable, et qui en a souvent ressenti les secousses, de leur apporter, à propos de l'enquête, le tribut désintéressé de ses réflexions et de ses observations? Il y a longtemps que l'industriel qui écrit ces lignes, connaît les souffrances de l'Agriculture : il y a longtemps qu'il les attribue, pour une bonne part, à l'absence de toute organisation de crédit foncier et agricole. On dit généralement que l'Agriculture manque de bras. Nous disons, nous, qu'elle manque, avant tout, de capitaux de circulation assez abondants pour obtenir des prêts à long terme et à bon marché.

Pénétré d'une conviction profonde qui depuis longtemps se fortifie par l'étude de la science économique, nous venons présenter tout un système de crédit agricole, remplissant les conditions de SÉCURITÉ *pour le public* ; DE LONG TERME, ET DE BON MARCHÉ *pour l'emprunteur*, qu'il soit propriétaire, agriculteur ou fermier. Nous comptons bien que ce système sera traité d'*Utopie* par ceux-là mêmes qui seront les premiers à en profiter, *s'il se réalise* ; mais qu'importe ! Nous nous appuyons sur des principes incontestables, nous ne craignons pas de le dire. Puissions-nous vivre assez longtemps pour voir l'application de ces principes donner à l'Agriculture une nouvelle sève, une nouvelle vie.

Avant d'aborder l'exposition de notre système de crédit agricole, il nous paraît utile de résumer aussi brièvement que possible le mécanisme, le fonctionnement et le procédé de liquidation de la Banque de France.

La Banque de France a pour but d'escompter les billets à ordre de l'industrie et du commerce, revêtus de trois signatures, dont la solvabilité est pour elle à peu près certaine. L'escompte de ces billets s'accomplit au moyen de billets de banque ou papier-monnaie qu'elle remet à l'emprunteur en échange des billets à ordre, sous la retenue de l'intérêt à courir, à partir du jour de l'escompte jusqu'à celui de l'échéance. D'où il suit que les billets de banque représentent une somme un peu au-dessous de celle des billets du portefeuille ou matière escomptable. La Banque n'admet les valeurs du commerce et de l'industrie, qu'à la condition d'une courte échéance, dont le maximum, dans les circonstances normales, est de 90 jours. Les billets à vue, au porteur, de la Banque de France, sont donc subordonnés, quant à leur remboursement intégral, au paiement des billets à ordre du commerce et de l'industrie. Et comme, malgré les trois signatures apposées sur ces valeurs industrielles et commerciales, il pourrait arriver, en certains moments, que quelques-unes fussent impayées, la Banque conserve dans ses caves le capital fourni par ses actionnaires pour parer aux *avaries* possibles, mais excessivement rares de la matière escomptable. Ce capital est loin d'être égal à la somme des billets à ordre escomptés. Il est, croyons-nous, en ce moment, environ du quart de la somme du papier-monnaie, que la Banque de France est autorisée à émettre. Ce capital des actionnaires ne saurait donc être le *gage matériel*, *certain*, de l'émission des billets de banque, pas plus que de la matière escomptable, puisqu'il ne représente que la quatrième partie de l'une ou de l'autre. Il ne peut, en conséquence, être qu'un cautionnement très suffisant, plus que suffisant même pour parer aux avaries d'un portefeuille garni de valeurs à trois signatures passées au crible d'un comité d'escompte. Il est bon d'ajouter que la Banque forme une réserve métallique du tiers environ de chacune de ses opérations afin de pouvoir réaliser jusqu'à une certaine limite l'échange de ses billets de circulation.

Nous venons de dire que la somme de l'émission est à très peu près égale à celle des valeurs industrielles et commerciales escomptées. Donc le public accepte presqu'au même titre que le numéraire le papier-monnaie de la Banque qui repose *uniquement* sur la CONFIANCE que les billets du portefeuille seront payés à leurs échéances respectives. Il n'y a pas de GAGE MATÉRIEL, CERTAIN, INFAILLIBLE pour en représenter le montant intégral. Il n'y a qu'un gage *matériel en numéraire* ou *en titres de rente sur l'État* représentant seulement le quart environ de la monnaie fiduciaire. Nous faisons ressortir bien souvent la portée de ce fait qui va bientôt nous servir pour la création d'un papier-monnaie plus solidement garanti que celui de la Banque de France. Au fond, qu'est-ce que le billet de banque à vue, au porteur, émis par la Banque? Il est la représentation de *produits déjà livrés à la consommation*. C'est donc la *mobilisation de produits consommés*, et qui, par conséquent, ne pourraient en aucune façon servir de gage aux billets de banque.

Voici, en effet, comment les choses se passent : le producteur vend un produit au consommateur. Celui-ci remet au premier un billet par lequel il s'engage à payer, à une échéance déterminée, la somme convenue pour ce produit. Le producteur a besoin d'argent ; il endosse le billet à l'ordre de son banquier, qui, à son tour, va le porter à la Banque de France, pour profiter de la différence de l'escompte, qu'il a retenu au producteur, avec celui de la Banque de France. — Il suit de là que le producteur a reçu en échange de ses produits un billet à terme, parce qu'il a *confiance en la solvabilité de son acheteur*. Le banquier, de son côté, connaît l'exactitude de son cédant, il a CONFIANCE *en lui et en sa prudence ;* et il accepte le billet avec d'autant plus de sécurité que le producteur ne l'aurait pas reçu si le consommateur ne lui eût inspiré une *confiance* absolue. Enfin, la Banque, qui sait l'honorabilité du banquier, peut escompter avec *confiance* ce billet revêtu à ce moment de trois signatures. Et voilà pourquoi le public a *confiance*, à son tour, aux billets de banque et qu'il les reçoit presqu'au titre de la monnaie métallique, parce qu'en définitive, il sait que la Banque a dans ses caves le capital des actionnaires, qui, quoique

quatre fois environ plus faible que la somme de l'émission, n'en est pas moins plus que suffisant pour parer
aux avaries du portefeuille. — Il sait aussi que toutes
les transactions d'échange ne peuvent *se solder* que par
la monnaie métallique et que le crédit commercial et
industriel ne peut pas donner d'autre GAGE D'ASSURANCE
contre ces avaries.

La Banque, dit-on, échange à vue, contre des espèces et à toute heure, ses billets d'émission, son papier-
monnaie : mais cet échange est forcément limité par son
encaisse qu'il ne faut pas confondre avec son capital de
cautionnement, auquel il ne lui est pas permis de toucher sans altérer la confiance en sa monnaie fiduciaire.
Comment donc se forme cet encaisse qui sert à alimen-
ter l'échange de ses billets contre espèces et qui, en
même temps, est le régulateur de la quantité de ses
escomptes ? Le voici :

Au moment de sa création, la Banque possède dans
ses caves tout le capital fourni par les actionnaires,
mais elle n'a le droit d'y toucher que pour l'immobiliser, pour ainsi dire, en le plaçant, *en partie*, en rentes
sur l'Etat. Elle fait rapporter ainsi à ce capital, qui, à
notre avis, *devrait toujours rester en monnaie métallique*, les arrérages ou intérêt accordé par l'Etat aux
créanciers de la dette publique. C'est un supplément
de bénéfice ajouté au dividende des actionnaires. —
La Banque n'a donc pas à ce moment un centime d'espèces métalliques pour opérer l'échange de ses propres
billets. Il faut qu'elle escompte d'abord les valeurs du
commerce et de l'industrie et qu'elle attende les premières échéances de son portefeuille ; la plus grande
partie lui en est payée en numéraire, la circulation des

billets de banque étant encore trop peu étendue pour qu'il en soit autrement. C'est à ce moment des premières échéances qu'elle peut commencer à constituer son encaisse métallique qui s'augmente successivement ; car, au fur et à mesure qu'elle étend son émission de papier fiduciaire, celui-ci, par sa commodité, et la confiance qu'il inspire, reste dans la circulation, et les paiements des échéances avec le numéraire plus volumineux et plus incommode, viennent tout naturellement augmenter cet encaisse ; de plus, ainsi que nous l'avons dit tout à l'heure, *la Banque verse à sa réserve métallique environ le tiers de chacune de ses opérations.* L'échange des billets contre des espèces ne peut être, en conséquence, que *proportionnel à l'encaisse.* Il est certain, en outre, que si la Banque de France était autorisée à créer des coupures de 10 fr., 20 fr., etc., en quantité suffisante, son encaisse tendrait chaque jour à s'augmenter, et elle pourrait, en ce cas, suffire, sans interrompre ses escomptes, aux échanges de billets à vue contre espèces pour le service des transactions internationales qui exigent du numéraire.

Enfin, il nous reste à parler du procédé de liquidation de la Banque de France. — Cette liquidation est d'autant plus facile et d'autant plus rapide, que les éléments employés à son fonctionnement sont moins nombreux et réalisables à une plus courte échéance. Ces éléments sont au nombre de trois :

1º Le portefeuille ;

2º Les billets de circulation ou papier-monnaie ;

3º Le capital des actionnaires servant de cautionnement ou d'assurance contre les avaries du portefeuille.

L'encaisse métallique, qui représente une certaine

quantité de billets restés dans la circulation , peut être compris dans le montant des billets de circulation ou papier-monnaie. Voici comment les choses se passeraient en cas de liquidation :

Le portefeuille se viderait au fur et à mesure des échéances de la matière escomptable qui serait payée , soit en espèces, soit en billets de banque. Ceux-ci seraient remboursés , partie par l'encaisse métallique, partie par la rentrée du numéraire provenant des échéances du portefeuille : car on se rappelle que la monnaie fiduciaire en circulation est un peu au-dessous des valeurs du portefeuille. — Il est facile de comprendre qu'en fin de compte, tous les billets de banque seraient remboursés en espèces, sauf les billets perdus par les particuliers. Ces billets perdus constitueraient , nous n'en doutons pas, d'assez beaux bénéfices aux actionnaires. Dans le cas, enfin, où une partie des valeurs du portefeuille resterait impayée, malgré les trois signatures solidaires, le capital des actionnaires serait appelé à rembourser les billets de banque représentés par ces valeurs.

Donc , la Banque de France ne peut opérer le remboursement intégral de sa monnaie fiduciaire qu'avec la monnaie métallique , qui, par sa valeur intrinsèque et son caractère d'étalon , de type des valeurs des produits est, en quelque sorte , la valeur *la plus infaillible des valeurs mobilières*. Or l'Industrie et le Commerce n'opèrent que sur des *valeurs mobilières* et leurs produits ne peuvent *pas se fractionner* , pas plus que les machines, les outils et même certaines matières premières , pour établir, *sans différence* , une compensation dans les échanges. Il a donc bien fallu trouver une valeur susceptible de FRACTIONNEMENT, pour servir de *signe représentatif* même des plus petites valeurs. Cette valeur est fabriquée avec des métaux plus ou moins précieux, or, argent, cuivre; c'est précisément la monnaie métallique.

La conclusion de tout ce que nous venons de dire, c'est que la DIFFÉRENCE dans l'échange des produits, de même que le *gage d'assurance* de la monnaie fiduciaire de la Banque de France, *ne peuvent* et *ne doivent* être représentés que par la monnaie métallique, qui est la FIN de toutes les transactions. Car une Banque, outre qu'elle ne pourrait pas payer avec des *produits déjà livrés à la consommation*, ne serait pas plus disposée à accepter des produits de ses emprunteurs, pour les repasser à ses créanciers ou porteurs de ses billets. Ce serait le comble de l'absurdité.

Maintenant que nous connaissons à fond les principes, le mécanisme et le fonctionnement de la Banque de France et que nous pouvons apprécier l'utilité de sa monnaie fiduciaire dans la circulation, nous allons essayer d'exposer notre système complet de crédit agricole.

Nous avons dit plus haut que le SOL est, non-seulement le CAPITAL-MÈRE, puisqu'il est la source de tous les capitaux matériels, mais encore qu'il est le *premier, le plus utile, le plus indispensable de tous les instruments de travail, la machine la plus parfaite, la plus inépuisable en matières premières et en produits de toute nature, sans exception. Il est l'instrument-mère de travail,* en un mot.

Seul, le sol présente, par cela même, un caractère d'*indestructibilité*, et, par conséquent, de *durée* qu'on ne saurait retrouver dans aucun des instruments de travail créés par le génie de l'homme. Ne nous est-il donc pas permis d'affirmer que le SOL possède réellement, ce qu'on est convenu d'appeler une VALEUR INTRINSÈQUE, valeur ABSOLUE, disons-nous, et *de beaucoup supérieure à la valeur intrinsèque* des métaux considérés, à juste titre, comme les plus précieux et qui servent à la fabrication des monnaies ? La valeur *intrinsèque* de ces métaux, en effet, est purement RELATIVE : c'est par *convention* qu'on en a adopté l'usage pour la fabrication des monnaies.

Ce qui d'ailleurs vient à l'appui de notre affirmation, c'est que les *monnaies métalliques*, depuis des siècles, ont une tendance incessante à *diminuer de valeur*, tandis que le prix du SOL suit une progression *ascendante*.

De tout ce qui précède, nous pouvons tirer cette conséquence forcée que le SOL est le *gage matériel* le plus *solide*, le *plus* INFAILLIBLE qu'il soit possible de présenter en garantie de la monnaie fiduciaire d'une banque foncière, dont la fonction consiste à prêter à *long terme et à bon marché*. Nous insistons sur cette manière d'envisager le SOL et d'en apprécier les caractères, parce qu'elle est d'une vérité incontestable, et qu'elle est le pivot de notre système de crédit foncier et agricole. C'est pour nous une grande difficulté de le faire comprendre, à cause de l'antipathie que le public en général, éprouve à l'encontre du papier-monnaie.

Il semble tout naturel de penser que, puisque les agents de circulation sont insuffisants pour les transactions industrielles, commerciales et agricoles, la

monnaie métallique ne devrait jamais subir de dépréciation et que sa valeur devrait forcément augmenter.
C'est pourtant le contraire qui arrive : cette dépréciation
contribue, pour sa part, à l'élévation du taux de l'intérêt.
Les découvertes récentes des mines d'or en Californie
et en Australie ont exercé une influence sensible sur
l'or : en effet, il y a à peine quelques années les pièces
d'or étaient recherchées et obtenaient une prime à cause
de leur rareté. Il est plus facile aujourd'hui de se procurer la monnaie d'or que la monnaie d'argent. La
spéculation s'est jetée naguère sur la démonétisation des
pièces d'argent de 5 francs, fabriquées à une certaine
époque, et qui par conséquent ne sont plus rentrées
dans la circulation. La rareté de cette monnaie provient
également de l'exportation en Chine de sommes considérables de ce type monétaire, soit pour l'entretien
de nos troupes, soit pour achat de marchandises. Dans
ces contrées lointaines, l'échange ne s'opère que contre
monnaie d'argent, et il n'est plus permis de l'en laisser
sortir.

Si, malgré les découvertes des mines américaines
d'or et d'argent depuis la fin du XVe siècle, jusqu'aux
découvertes récentes dont nous avons parlé, la monnaie
métallique a constamment subi une dépréciation incontestable, il ne faut pas l'attribuer exclusivement à
la plus grande abondance des matières précieuses qui
servent à sa fabrication. Il serait trop long et inutile ici
d'étudier les causes multiples de ce résultat. Il nous
suffit de constater le fait présent et d'en rechercher la
cause actuelle. Cette cause, nous la trouverons dans
les nouveaux procédés appliqués au crédit par les
Banques étrangères et la Banque de France, procédés

que nous avons peut-être trop longuement développés.
La raison en est encore dans l'usage plus généralement
répandu des billets à ordre, dans les warrants, les
chèques, les coupons d'action et d'obligations circulant
par la confiance qui s'attache naturellement à toute
promesse de payer à peu-près *certaine*.

Le crédit moderne, en conséquence, a des procédés
qui tendent à faire diminuer la circulation des monnaies
métalliques au profit de la monnaie fiduciaire. Les
premières seront plus utilement employées à servir de
gage, et d'assurance aux banques industrielles, ce qui
amènera nécessairement la diminution du taux de
l'intérêt. Si les monnaies métalliques tendent à devenir
le gage, le cautionnement de la monnaie fiduciaire industrielle et commerciale, elles doivent incontestablement diminuer encore de valeur, parce qu'elles auront
moins d'*utilité* dans la circulation. Or, puisqu'il est
possible d'arriver, par les Banques industrielles, à se
servir, pour la circulation générale, d'un papier-monnaie couvert par des billets à *courte échéance*, à *trois
signatures*, et assurés en outre, par un capital métallique *quatre fois plus faible* que l'émission, il nous paraît
à *fortiori*, rationnel d'affirmer que le GAGE *d'une Banque
foncière* représentant une *valeur* DOUBLE *de la somme
de l'émission* (VALEUR INFAILLIBLE), la monnaie métallique
devient complétement inutile pour le fonctionnement
régulier et la sécurité du crédit appliqué à l'Agriculture.
Employé même comme assurance, le numéraire, *ainsi
immobilisé*, serait une superfluité, puisque le GAGE
INFAILLIBLE n'est MOBILISÉ que pour une partie de sa
valeur.

Si nous recherchons les fluctuations du prix du SOL,

nous trouvons que sa valeur suit une progression *ascendante*, par conséquent inverse de celle de la monnaie métallique. Pourquoi cette différence ? Par la raison toute simple que l'or et l'argent, du moment qu'ils sont arrachés des entrailles de la terre, sont mobilisés, par conséquent altérables, et susceptibles de diminution par la découverte de nouvelles mines; les métaux précieux employés à la fabrication des monnaies, ont donc une valeur intrinsèque relative à leur utilité et à leur rareté ; les faits antérieurs portent à croire que cette valeur doit tendre plutôt à la diminution qu'à l'augmentation.

Le SOL, au contraire, augmente chaque jour de valeur, à cause des nouvelles conditions qui régissent la propriété depuis 1789, conditions qui ont provoqué le morcellement et par suite le renchérissement des terres. D'un autre côté, nous ne saurions trop le répéter, le SOL est le CAPITAL RÉEL le *plus certain, limité dans son étendue.* Il est, en outre, l'*instrument de travail* par excellence, qui doit *durer* autant que l'humanité et qui présente aux travailleurs enrichis le *placement le plus infaillible* de leurs épargnes. Y a-t-il donc lieu de s'étonner que le taux du revenu, par rapport au capital-monnaie employé à l'achat du SOL, soit très-faible relativement aux bénéfices que l'industrie et le commerce réalisent avec le *même capital monnaie ?* Ne faut-il pas tenir compte des chances aléatoires auxquelles est exposé un capital placé dans l'industrie, et de la *certitude* de *conservation* de ce même capital placé sur le sol ? L'accroissement de la population, et des valeurs ou richesses industrielles, fait rechercher la propriété foncière, indépendamment d'une foule d'autres causes qu'il serait superflu d'énumérer ici.

En résumé, ce qui nous paraît incontestable, c'est
que les découvertes de mines d'or et d'argent n'ont
pas empêché les monnaies métalliques de diminuer de
valeur, tandis que les immenses et fertiles terrains
découverts en Amérique et en Océanie, et ceux qui sont
encore disponibles dans les anciens continents, n'ont
pas arrêté la progression toujours ascendante du prix
du sol.

De tout ce que nous venons de dire, nous pouvons
conclure que la monnaie fiduciaire, qu'on l'appelle billets
à ordre, warrants, chèques, coupons d'actions ou obligations, ou billets de Banque, tend évidemment à
remplacer la monnaie métallique dans la circulation
intérieure. Celle-ci, au contraire, paraît devoir trouver
un emploi utile dans les transactions internationales, et
à servir de gage ou d'assurance au papier monnaie des
Banques industrielles.

Les transactions industrielles, commerciales et agricoles, ont pris, depuis 60 ans, des proportions si colos-
sales, qu'il est nécessaire de multiplier les agents de
circulation. Les monnaies d'or et d'argent n'y suffisent
plus depuis longtemps, et la monnaie fiduciaire de la
Banque de France, elle-même, est aujourd'hui deve-
nue insuffisante pour les besoins de l'industrie et du
commerce. Comment, dans ces circonstances, la Banque
de France pourrait-elle venir en aide à l'Agriculture,
lorsque c'est par *milliards qu'il faut prêter à long terme
et à bon marché ?*

La monnaie métallique joue sans doute un rôle important dans les échanges, en ce qu'elle est l'étalon de
valeur auquel on rapporte la valeur des produits
échangeables. Elle est l'huile du rouage des transac-

tions, la balance, la *mesure-type* des produits. Son rôle n'aurait aucune raison d'être, s'il était possible de *fractionner* les produits de manière à opérer l'échange, sans compensation par une différence en numéraire. La création des billets de banque par petites coupures tendrait incontestablement à diminuer dans les transactions l'importance du rôle de la monnaie métallique.

On a déjà compris qu'une Banque foncière et agricole, ne peut en aucune façon créer une monnaie fiduciaire, ayant pour représentation des billets à ordre, revêtus de trois ou même de plusieurs signatures, assurés, en outre, par un capital en numéraire cinq à six fois plus faible que l'émission. Une telle institution de crédit, fondée sur les mêmes bases qu'une banque industrielle, ne présenterait pas des garanties suffisantes, parce qu'il faut avant tout qu'une banque foncière puisse prêter *à long terme*. Assise sur ces bases et dans la condition *du long terme*, la banque foncière manquerait du caractère essentiel, indispensable *d'être toujours prête à finir*. La liquidation n'amènerait que des désastres incalculables, par la raison que le propriétaire se verrait forcé de vendre à tout prix les denrées disponibles, les récoltes sur pied et très certainement une partie de son domaine.

Le problème à résoudre est celui-ci :

Organiser le crédit foncier et agricole, sans faire appel aux capitaux de circulation existants, soit en monnaie métallique, soit en monnaie fiduciaire, puisque déjà ces capitaux sont notoirement insuffisants pour les transactions industrielles, commerciales et agricoles.

Réaliser cette organisation par la création d'une institution de crédit ayant pour but :

1° De prêter sur hypothèque aux propriétaires du sol à long terme, à un taux inférieur à celui de la quotité du revenu, même en y comprenant l'amortissement et tous les frais d'administration ;

2° De prêter sur consignation de denrées, sur cheptel, et sur récoltes pendantes, lorsque la banque aura organisé ce service tel qu'il sera possible plus tard. En attendant, elle accordera un certain crédit aux agriculteurs, fermiers ou propriétaires, au moyen des annuités destinées à l'amortissement des emprunts contractés par les propriétaires du sol, et dans les conditions qui seront indiquées plus bas.

Avant de parler du mode de fonctionnement d'une banque foncière, essayons de poser des principes et examinons les éléments et les conditions indispensables à ce fonctionnement.

Une banque foncière doit, avant tout, PRÊTER À LONG TERME. Sa monnaie fiduciaire ne peut reposer sur des billets à ordre ou promesses de payer, revêtus de trois ou plusieurs signatures. Cette condition présenterait des difficultés inextricables, sinon des impossibilités ; elle pourrait même devenir un danger.

Son cautionnement, sa garantie, ne saurait être en monnaie métallique, dont la valeur tend à décroître sans cesse ; parce qu'un gage *dont la valeur est décroissante*, ne se prêterait pas à la condition *du long terme*. D'autre part, on peut se demander si les monnaies métalliques existantes suffiraient au service des banques industrielles et commerciales dont la circulation est déjà trop restreinte, et au service d'une banque foncière opérant sur des valeurs et une circulation nécessaire de *plusieurs milliards*.

Il faut de toute nécessité, puisque c'est possible, que la monnaie fiduciaire de la banque foncière et agricole repose sur un *gage matériel*, ABSOLUMENT INFAILLIBLE. Car il est utile de laisser les espèces à la disposition des banques d'escompte des valeurs commerciales et industrielles. — Il est bien entendu que nous ne voulons pas dire par là que la Banque agricole ne se servira jamais de numéraire : tout le monde comprend que, par la circulation, il lui arrivera d'en avoir constamment dans ses caisses, et qu'elle opèrera l'échange de ses billets non comme la Banque de France, proportionnellement à l'encaisse métallique, mais jusqu'à épuisement de cet encaisse.

Il faut que la *valeur intrinsèque* de ce gage ABSOLUMENT INFAILLIBLE soit *incontestable*, et de beaucoup SUPÉRIEURE à *celle de la monnaie métallique* elle-même.

Il faut de plus que l'*émission*, qui, à la Banque de France, représente une somme égale à celle du portefeuille et *quadruple* environ du capital de cautionnement des actionnaires, il faut, disons-nous, que l'émission d'une Banque agricole s'appuie sur un gage remplissant toutes les conditions qui précèdent, et que ce gage représente une VALEUR AU MOINS DOUBLE DE L'ÉMISSION.

Telles sont les conditions essentielles qu'une Banque agricole doit remplir pour donner le crédit à *long terme* et *à bon marché*. — Car, plus le terme est éloigné, plus on doit éviter les chances de perte et de DÉPRÉCIATION DU GAGE. — Ce n'est donc pas une *assurance* faite au moyen de *la monnaie métallique* qui peut servir d'assurance à l'organisation du crédit foncier et agricole. Cette base manquerait de la solidité exigible pour le

prêt à *long terme*. En effet, pour dégager les propriétés
rurales de l'affectation hypothécaire actuelle, et pour
prêter aux propriétaires dont le sol est libre de toute
hypothèque, et qui ne manqueront pas de profiter des
avantages de crédit à bon marché, il faut compter que
les prêts à effectuer par la Banque foncière peuvent
rapidement s'élever à *dix milliards*. Ces dix milliards
représentent environ le quart de la valeur actuelle de
la propriété rurale. Réduisons cette somme à huit
milliards. En se servant des bases et des procédés de
la Banque de France, il serait donc nécessaire d'immobiliser, comme *capital de cautionnement*, environ *deux
milliards* en numéraire. Nous ne parlons pas de l'encaisse métallique destiné à l'échange des billets contre
espèces, lequel encaisse devrait être à peu près égal
au tiers de l'émission. Conséquemment, il faudrait
payer l'intérêt de ces deux milliards immobilisés aux
actionnaires appelés à fournir cette somme colossale;
il resterait encore à savoir si on trouverait ce capital
avec un dividende garanti et fixé de 6 0/0, par exemple.

A qui ferait-on croire, que ces prêteurs du gage métallique se contenteraient de billets à trois signatures de
propriétaires et d'agriculteurs? Ce serait une véritable
dérision de l'espérer. Il est plus pratique de penser,
en admettant une banque agricole organisée sur le
modèle de la Banque de France, que les actionnaires
renonceraient aux trois signatures et exigeraient l'inscription hypothécaire pour toutes les sommes prêtées
à la propriété foncière et à l'Agriculture : et ils auraient
raison. — Dès-lors, la DETTE *hypothécaire ne représentant même pas la moitié de la valeur du sol hypothéqué ;*
d'un autre côté, le rejet des trois signatures anéantissant

naturellement les avaries du portefeuille, de quelle utilité serait le *capital-assurance quatre fois plus faible que l'émission?* Encore une fois, de quelle nécessité serait le *cautionnement* lorsque l'émission de la monnaie fiduciaire repose sur un *gage, susceptible d'être fractionné à l'infini,* GAGE INFAILLIBLE, d'une valeur DOUBLE de l'émission?

Le *capital-assurance,* dans ces conditions, serait une *superfluité.* CE CAPITAL N'EST DONC PAS NÉCESSAIRE. Nous ne saurions trop insister sur ce point, que nous serons obligé de traiter encore, au risque de nous répéter. Nous écrivons surtout, nous ne saurions trop le dire, pour les personnes peu familiarisées avec les questions délicates du crédit. Aussi, nous pardonnera-t-on les très nombreuses répétitions qu'on rencontre dans ce travail.

Le capital monnaie métallique est une valeur MOBILIÈRE, susceptible d'une dépréciation progressive, sujette aux détournements, exposée gravement aux tristes époques révolutionnaires. C'est pourquoi il ne peut servir de gage ou d'assurance à la monnaie fiduciaire de la Banque de France qu'avec la condition de la COURTE ÉCHÉANCE des billets à ordre revêtus de trois signatures d'industriels et de commerçants reconnus solvables, et celle de tenir constamment DISPONIBLE *une certaine réserve* métallique destinée à l'échange d'*une certaine quantité* de billets de circulation.

Concluons donc :

1° Que la monnaie fiduciaire de la Banque de France, reposant sur une somme *égale* de billets à ordre ou promesses de payer à courte échéance, la *confiance* au paiement de ces billets garantis par trois signatures ne saurait suffire pour donner cours à ce papier monnaie. Il faut que cette *confiance*, pour être complète, soit appuyée d'un gage matériel MOBILIER qui ne peut être que *la monnaie métallique*, par la raison que c'est par le numéraire seul que peuvent se solder et finir toutes les transactions *d'escompte et d'échange*, dont les produits sont déjà consommés, ou tout au moins *livrés à la consommation*.

2° Que la monnaie fiduciaire d'une banque foncière et agricole prêtant à *long terme*, ne peut reposer que sur un gage IMMOBILIER, *susceptible* de *fractionnement*, ayant une valeur *intrinsèque* et tous les caractères de L'INFAILLIBILITÉ ABSOLUE. Ce gage, c'est le SOL : enfin ce GAGE étant d'une valeur au MOINS DOUBLE de l'émission, n'a pas besoin de capital-assurance ou cautionnement contre les avaries d'un portefeuille qui n'existe pas. — Ajoutons enfin (ce qui sera plus amplement expliqué lorsque nous parlerons du fonctionnement de la Banque agricole), que le *fractionnement* facile du SOL se prête merveilleusement à remplir cette condition essentielle qui termine la note citée du comte Mollien : « Pour ne jamais finir, une Banque doit être toujours prête à finir. »

Avons-nous besoin d'ajouter que la banque foncière ne prêtera absolument qu'aux propriétaires du sol et non aux propriétaires de maisons. La valeur des propriétés urbaines est trop variable de sa nature, il y a trop de chances aléatoires à courir pour qu'il soit possible d'asseoir, *sans assurance ou sans subventions de l'Etat*, *une monnaie fiduciaire acceptable par le public*. Nous concevons que la Société du crédit foncier qui est un établissement de crédit de *spéculation*, en fasse l'objet de ses opérations. Mais pour créer une monnaie fiduciaire sans assurance , le SOL, seul, remplit toutes les conditions propres à contenter les plus difficiles.

Dès ce moment, nous devons dire encore qu'au fur et à mesure qu'un propriétaire aura payé sa dette, la Banque foncière détruira une somme en billets égale à la somme remboursée ; de cette façon l'émission sera toujours représentée par la moitié de la valeur du sol hypothéqué.

Après cette exposition de principes, nous avons encore à traiter la question du taux de l'intérêt de la Banque foncière et agricole; banque qu'il ne faut plus confondre avec une Banque d'escompte telle que la Banque de France. Le taux de l'intérêt à réclamer à la propriété foncière peut-il être aussi élevé que l'intérêt payé par l'Industrie et le Commerce? Nous n'aurons pas de peine à faire comprendre que, *pour être viable*, une industrie quelconque ne peut pas payer un *taux d'intérêt supérieur à la quotité de ses bénéfices*, surtout lorsqu'avec un capital donné, on ne peut obtenir qu'une quantité de produits limitée et qu'on ne peut pas renouveler plusieurs fois par an. — L'industriel qui emprunte un capital pour fabriquer des produits, qu'il peut renouveler et vendre quatre, cinq, six fois et plus dans le cours d'une année, peut bien payer l'intérêt de l'argent à 6, 8, 9, 10 0/0.

Dans l'industrie agricole, la plus grande partie des récoltes ne peut s'effectuer qu'une fois l'an, sur chaque parcelle de terrain ; encore faut-il alterner ces récoltes de valeur très variable! D'autres produits, tels que ceux de la vigne et des arbres à fruits, nouvellement plantés, ne sont susceptibles de revenus qu'après plusieurs années d'attente. *Le taux d'intérêt au-dessous de la quotité du revenu* est, en conséquence, une condition essentielle de toute institution de crédit foncier et agricole. Quel est, en général, la quotité du revenu du SOL? Elle est de trois pour cent. Quel doit être le taux de l'intérêt? Et d'abord est-il nécessaire de payer un intérêt? Convient-il de comprendre dans l'annuité l'amortissement du capital?

Nous avons dit et nous croyons avoir démontré que la Banque foncière et agricole, ayant pour garantie de ses prêts un GAGE MATÉRIEL, INFAILLIBLE ET SUSCEPTIBLE DE FRACTIONNEMENT *à l'infini*, il n'y avait pas nécessité de faire appel au capital en numéraire, pour ASSURER, sans raison, le *remboursement* de la monnaie fiduciaire hypothéquée sur le SOL QUI REPRÉSENTE UNE VALEUR DOUBLE DE L'ÉMISSION. Car, si la *valeur* des choses est en rapport avec leur utilité, qui donc pourrait contester que le SOL est autrement *utile* que la monnaie métallique? Celle-ci est, très-certainement, un agent *utile* dans les échanges de tous les produits, mais sa valeur est *relative* et toute *de convention*, elle pourrait être, sans inconvénient, remplacée par d'autres matières précieuses. Ceci est élémentaire. Mais le SOL, par quoi pourrait-il être remplacé? Il n'est pas seulement un agent utile, il est l'instrument de travail indispensable : il est la source primordiale, indestructible, de tout ce qui est nécesssaire à la vie et au luxe de l'homme, il est pour le genre humain la cause, pour ainsi dire, de toutes les satisfactions matérielles, intellectuelles et morales. Sa valeur est donc une VALEUR ABSOLUE qu'il ne dépend pas de l'homme *d'anéantir ou de remplacer*. C'est une *valeur universellement reconnue*, que l'on serait d'autant moins porté à refuser, en cas de liquidation forcée, (chose impossible) que, quoi qu'il arrive, IL N'EST PAS POSSIBLE DE S'EN PASSER. Et l'on viendrait comparer la monnaie métallique à ce *capital*, à *cet instrument de travail, à ce gage si précieux, si utile, si indispensable!!* Laissons la monnaie métallique jouer paisiblement son rôle dans les transactions d'échange ; mais qu'on ne nous parle pas de sa sécurité à côté de celle que présente le SOL.

Le vrai capital, le véritable instrument de travail, est donc le SOL ; la monnaie métallique et la monnaie fiduciaire sont affaire de convention et *agents auxiliaires* de la production et des échanges. Elles sont, à vrai dire, les satellites du SOL et tournent autour d'un orbite, dont le SOL, *foyer de toutes les matières premières* et par conséquent de tous les produits, est le *centre*.

Donc le SOL est le plus solide, le plus INFAILLIBLE *des gages connus*, c'est pourquoi nous l'employons comme gage du papier monnaie de la Banque foncière et agricole, en ayant soin toutefois de *limiter l'émission à la moitié de sa valeur.*

Puisque le propriétaire emprunteur fournit lui-même le GAGE *d'une valeur double de celle de l'émission* de la Banque foncière, il est *actionnaire* de cette banque à un titre supérieur à celui des actionnaires de la Banque de France ; car, ceux-ci fournissent un capital métallique environ quatre fois plus faible que l'émission, tandis que le propriétaire du SOL présente *et engage hypothécairement un capital d'une valeur intrinsèque supérieure à celle du numéraire, d'une utilité plus indispensable*, s'il nous est permis de parler ainsi, *et dont la valeur est double de celle de l'émission.*

Les actionnaires de la Banque de France jouissent du privilége de MOBILISER DES PRODUITS DÉJA LIVRÉS à la consommation, et qui, par conséquent, sont perdus comme GAGE.

Pourquoi le propriétaire du sol ne pourrait-il pas, lui, *mobiliser*, non des produits déjà livrés à la consommation, non des produits existant, MAIS UN CAPITAL INDESTRUCTIBLE, qui ne peut être ni volé, ni dénaturé complétement, même dans les plus violents cataclysmes de la nature ? Ce n'est pas un privilége qu'il solliciterait; dans tous les cas, si c'est un privilége, il faut avouer que le propriétaire ne serait pas seul à en profiter. Les travailleurs des campagnes y trouveraient leur compte, et l'industrie et le commerce y gagneraient très certainement, par une circulation plus abondante, le moyen de payer moins cher le loyer des capitaux qui leur sont nécessaires. La liberté du taux de l'intérêt pourrait être proclamée sans danger, parce que l'abondance des capitaux amènerait naturellement l'abaissement du taux de l'escompte.

Le propriétaire, avons-nous dit, est le seul, le véritable actionnaire de la Banque agricole ; *c'est donc à lui que revient l'intérêt qu'il doit payer pour l'emprunt.* A quoi bon, dans ce cas, l'intérêt? Ce n'est pas la peine de le *retenir* A L'EMPRUNTEUR POUR LE LUI RENDRE COMME ACTIONNAIRE. Tout ce que le propriétaire peut *se payer*, c'est l'agrément de supprimer l'intérêt pour lui en *mobilisant* une partie du SOL qu'il laisse en garantie, au moyen de l'hypothèque ; et certes, ce gage en vaut bien un autre, nous ne saurions trop le répéter.

Mais pour faire fonctionner la Banque foncière et agricole, il faut une administration bien organisée, un

personnel nombreux, capable, et honorablement rétri-
bué ; il faut de la monnaie fiduciaire. Il est donc juste
que les emprunteurs contribuent à ces dépenses obli-
gatoires, *au prorata de la somme empruntée.* Les frais
d'expertise des propriétés, au moment du prêt ; les
honoraires du notaire, les frais d'inscription et de levée
de l'hypothèque, restent à la charge personnelle du
propriétaire emprunteur.

En évaluant à 1/2 p. 0/0 par an, les frais d'administration, et la fabrication du papier-monnaie, nous
resterons, à coup sûr, au dessus de la somme nécessaire pour suffire à ces deux services ; nous pouvons
même affirmer d'avance qu'il y aura un reliquat dont
nous trouverons l'emploi. Cette quotité de 1/2 p. 0/0
est donc le premier élément de l'annuité à payer par
l'emprunteur.

Le second, c'est la quotité à déterminer pour *l'amortissement*, qu'il est nécessaire de comprendre dans
l'annuité. Nous fixons cette quotité à 1 p. 0/0 par
an ; nous arriverons, en plaçant chaque année, à
l'intérêt composé de 3 p. 0/0, un franc pour chaque cent
francs de capital emprunté, à éteindre la dette en 47
ans *a la rigueur*. Mais il faut supposer que les fonds
destinés à l'amortissement peuvent n'être pas immédiatement utilisés ; d'un autre côté, comme nous le verrons
tout à l'heure, la Banque doit toujours avoir à sa disposition un capital assez important pour suffire aux
demandes d'emprunt sur consignations de denrées, sur
cheptel et récoltes pendantes. Aussi, pour éviter tout
mécompte, nous portons le terme de l'amortissement à
soixante ans, au lieu de quarante-sept qui seraient
mathématiquement nécessaires. Ce terme ne présente

aucun inconvénient ; car le propriétaire emprunteur, tant qu'il est *débiteur* de la Banque, en est forcément actionnaire, et, que s'il y a lieu à des bénéfices ou à des réserves trop considérables, il est juste et naturel qu'il y participe pour sa quote-part, il ne fait que reprendre ce qu'il a payé en trop.

Quel sera le mode de fonctionnement de la Banque foncière et agricole? Ce mode deviendra d'autant plus facile dans la pratique qu'il sera plus possible de diminuer les entraves qui pourraient, non pas *empêcher*, mais embarrasser sa marche.

L'hypothèque étant le moyen le plus certain pour garantir doublement la monnaie fiduciaire de la Banque foncière et agricole, il s'agit de rendre le système hypothécaire plus simple, plus *clair surtout*, et de le débarrasser de toutes les RÉSERVES LÉGALES qui cachent le plus souvent la véritable position de l'emprunteur.

Sans être légiste, on nous permettra bien, nous ne dirons pas de *traiter*, mais de *parler* de cette grave question de *l'hypothèque légale*, au point de vue de l'équité, du bon sens et de la sécurité sociale.

L'homme, à l'exclusion de la plus belle moitié du genre humain, a fait les lois à son profit. Il a traité sa compagne en esclave, car elle lui doit obéissance. Elle ne peut prendre aucun engagement, ni disposer de ses biens, sans l'autorisation de son mari. Celui-ci a considéré ce qu'il appelle le sexe faible, comme devant rester éternellement à l'état de minorité. C'est encore un reste de patriarchat, et il est fort heureux que *légalement* et *ostensiblement* il ait bien voulu consentir à n'admettre qu'une seule femme au domicile conjugal. On dirait que l'hypothèque légale a été inventée par le mari pour cacher la véritable situation de sa fortune et se réserver, en cas de revers, la possibilité de participer à la jouissance des revenus de sa femme et de ses enfants mineurs, sous prétexte de conserver leurs droits.

Nous avons de la peine à comprendre où est la solidarité d'intérêts de la famille avec un tel régime. Car il nous semble naturel, qu'à moins de réserves et de conventions quelquefois nécessaires , la famille doit prendre sa part de la bonne comme de la mauvaise fortune. Si l'on reconnaît que ces réserves et ces conditions sont nécessaires, pourquoi ne pas leur donner le caractère d'authenticité que la loi exige pour les engagements hypothécaires? N'y a-t-il pas à tenir compte de l'intérêt des créanciers? Comment traiterait-on des négociants ou des industriels, qui, ne possédant que des valeurs mobilières , en soustrairaient, en cas de faillite, une partie au détriment des créanciers, sous le prétexte de ne pas laisser mourir de faim leur femme ou leurs enfants mineurs? Le juge les enverrait en prison ou au bagne, suivant les circonstances, et il aurait raison.

En demandant que les inscriptions hypothécaires puissent indiquer d'une manière précise la situation de solvabilité matérielle de tel propriétaire ou de tel industriel, nous n'avons pas la prétention d'user, comme les Grecs et les Romains, d'un poteau indiquant que l'immeuble est le gage d'un créancier. Nous ne croyons pas même qu'il soit besoin d'affiches. Nous pensons simplement que le mode d'inscription actuellement pratiqué en France suffit à la sécurité des transactions. Nous comprenons parfaitement l'hypothèque *conventionnelle* et l'hypothèque *judiciaire*. Quant à l'hypothèque *légale*,

si elle est un moyen de conservation des biens de la
femme et des enfants mineurs, elle occasionne trop souvent, et nous en parlons pour en avoir été victime, des
désastres irréparables pour une masse de créanciers
qui, *eux aussi, ont à sauvegarder la fortune mobilière
de la communauté, et par conséquent de leur femme et de
leurs enfants.*

Dans les transactions industrielles, commerciales et
agricoles, la solvabilité du négociant ou du propriétaire, peut être appréciée sous le double aspect matériel et moral : ce dernier aspect nous importe peu en
ce moment. Du côté matériel, les biens immeubles,
maison ou propriété rurale, sont apparents et peuvent
servir à mesurer le degré de crédit et de confiance
qu'on doit accorder à un négociant ou à un propriétaire.
Si, au moment de son mariage, le premier fait entrer
dans son commerce la somme dotale apportée par sa
femme, l'inscription hypothécaire n'est pas obligatoire.
La maison et la propriété rurale sont affectées *légalement* d'une hypothèque qui, pour être valable, n'a pas
besoin d'être inscrite. Le négociant tombe en faillite, et
les créanciers, trompés par les apparences, voient fon-
dre sur leurs créances l'hypothèque légale. *Dura lex,
sed lex.* Il faut s'incliner devant la loi, quelle que soit
sa rigueur et son imperfection. Admettons, cependant,
que le négociant ait réussi dans ses entreprises, la
femme et les enfants mineurs profitent bien des bénéfices et c'est de toute justice : pourquoi dès lors, si on
reconnaît la nécessité de conserver à la femme sa dot,
aux enfants les biens de leurs ascendants, pourquoi
cette catégorie d'hypothèque légale ? Pourquoi ne pas
faire rentrer cette hypothèque par la porte grande ou-

verte du droit commun et de l'équité? Pourquoi la cacher aux yeux de ceux qui ont intérêt à la connaître? Ne vaudrait-il pas mieux imposer l'obligation de la transcrire comme les autres hypothèques, et éviter par ce moyen la communication d'un contrat de mariage qu'on n'est pas toujours bien aise de faire connaître? N'oublions pas de signaler une dissimulation que l'on voit s'introduire assez fréquemment dans les contrats de mariage. Elle consiste, de la part du mari, à reconnaître à sa femme une dot qu'il n'a pas reçue. Tant que dure la prospérité des affaires, tout va bien : mais, vienne un revirement de fortune, et les créanciers sont frustrés de la somme reconnue.

Conservons l'hypothèque pour la dot de la femme et les biens des enfants mineurs, si tant on y tient : mais que l'inscription en soit obligatoire. De la sorte, les droits des tiers et ceux de la famille seront sauvegardés. *On verrait clair*, qu'on nous passe ce mot, dans la position de chacun, et on ne crierait pas contre une loi qui nous paraît avoir fait son temps. Du reste, plus on nous présenterait d'objections et d'exceptions en faveur de l'hypothèque légale, plus il nous semblerait équitable de demander sur cette matière un article clair et sans interprétation possible, dans le genre de celui-ci.

Article unique : Il n'y a de valables que les inscriptions hypothécaires transcrites par les fonctionnaires de l'état sur des registres *ad hoc*.

La question de l'hypothèque serait ainsi singulièrement simplifiée ; il y aurait moins de procès et plus de sécurité pour les familles et la société. On nous pardonnera cette digression nécessaire ; car, elle nous sert à

déblayer le terrain sur lequel nous devons faire fonctionner la Banque agricole.

Mais avant d'indiquer le mécanisme de notre Banque,
mécanisme dont les lecteurs peuvent déjà comprendre
la simplicité, nous devons aborder la condition sans
laquelle toute monnaie fiduciaire est impitoyablement
rejetée. Nous voulons parler de l'adoption par le public des billets de la Banque agricole. Pour atteindre ce
but, indispensable à tout établissement de crédit émettant du papier-monnaie, il faut de toute nécessité convaincre ce public qu'il peut avoir non *une confiance
aveugle*, mais *une confiance éclairée* dans cette monnaie
fiduciaire. C'est là le côté difficile et délicat de notre
système de crédit agricole, comme de toutes les institutions de crédit qui font usage de papier-monnaie. Nous
avons à lutter contre des usages reçus, contre le pré-
jugé que la monnaie métallique est la meilleure valeur
en ce monde, enfin contre le triste souvenir des assignats.

Pour les personnes qui ont suivi avec attention l'exposé des principes qui servent de base à la Banque
agricole, et les motifs qui nous font considérer le sol
comme possédant *une valeur intrinsèque bien supérieure
à la monnaie métallique*, nous n'aurions rien à ajouter à
ce que nous avons déjà dit. Cependant, comme nous
pouvons prévoir des objections à ce sujet, nous allons
tâcher de les formuler et nous essaierons, en y répon-
dant, de résumer ici tous les arguments qui doivent
tôt ou tard vaincre les préjugés, causés par l'habitude
de voir dans la monnaie métallique le gage le plus certain de la monnaie fiduciaire.

Nous l'avons déjà dit, la monnaie n'est qu'un *agent*

auxiliaire dans la production et dans l'échange des produits, agent qui pourrait être remplacé et qui, depuis longtemps, est loin de suffire aux besoins des transactions. Nous avons inutilement cherché ailleurs que dans la *mobilisation* de la première des valeurs, le SOL, les moyens d'augmenter les capitaux de circulation. En suivant les sentiers battus, nous ne trouvions pas les conditions du crédit à *long terme et à bon marché* pour les besoins de la propriété et de l'agriculture. Nous les avons rencontrés en employant le SOL pour base de notre système de crédit. Mais revenons aux objections qui très probablement nous seront adressées sur le papier-monnaie de la Banque foncière et agricole.

1º Les billets de la Banque foncière, nous dira-t-on, ne peuvent pas indiquer qu'ils sont payables à vue, en espèces, puisque la Banque agricole, contrairement à ce qui a été fait par la Banque de France, s'organise sans *monnaie métallique.*

2º La Banque de France échange, à la demande des porteurs, ses billets contre des espèces, la Banque foncière et agricole le pourra-t-elle?

3º En cas de liquidation, avec quelle monnaie la Banque foncière et agricole paiera-t-elle ses billets de circulation?

4º Enfin, l'expérience d'une monnaie fiduciaire reposant sur le SOL, a été malheureusement faite et il est à craindre que cette monnaie fiduciaire, ainsi garantie, conduise, comme les assignats, vers une banqueroute générale.

Telles nous paraissent être les objections principales que, dans l'état actuel des esprits, au point de vue des questions de crédit, on peut sérieusement oppo-

ser à notre Banque foncière. Nous allons successivement les passer en revue, et tâcher de démontrer,
(ce que du reste nous avons fait en partie), combien
ces objections sont peu fondées. Nous parviendrons,
nous en avons l'espérance, à faire comprendre que
notre monnaie fiduciaire repose sur une base inébranlable, et que sa valeur mérite (si la confiance pouvait
se mesurer) une *confiance* AU MOINS *double de celle*
des billets de la Banque de France.

Nous avons déjà prouvé que les billets de celle-ci
sont acceptés, avec raison, par le public, presqu'au
même titre que la monnaie métallique ; cependant,
ceux qui s'en servent n'ignorent pas, que quel que soit
son encaisse métallique, la Banque de France est dans
l'impossibilité absolue d'échanger contre des espèces et à
vue tous ses billets circulant, à moins qu'elle ne procède à sa liquidation ; nous avons démontré qu'au moment de sa création, cette même Banque, n'a pu,
pendant un certain temps, *échanger aucun de ses billets,*
puisqu'elle n'avait d'autre encaisse métallique que son
cautionnement, auquel il lui est interdit de toucher
sans porter une grave atteinte à la *confiance indispen-*
sable à *l'adoption* de sa monnaie par le public. Nous
avons vu que l'encaisse métallique de la Banque de
France se forme *par les rentrées du portefeuille, par*
la RÉSERVE MÉTALLIQUE DU TIERS DE CHACUNE DE SES
OPÉRATIONS, *et par la commodité que trouve le public dans*
l'usage de la monnaie fiduciaire. C'est avec le numéraire accumulé par ces causes principales, que la
Banque peut échanger une certaine quantité de ses
billets de circulation contre des espèces. Donc, les
billets de la Banque de France ne circulent qu'en

vertu de la *confiance* du public dans la *solvabilité* des trois signatures admises à l'escompte , et en vertu du gage ou cautionnement , en numéraire ou en rentes sur l'Etat , destiné à couvrir les avaries du portefeuille , et non sur l'idée que le billet de banque est échangeable à vue et en espèces. Cette *confiance* s'est établie, malgré la FICTION bien connue de la formule des billets de Banque : *il sera payé à vue , au porteur , en espèces*, formule qui ne peut recevoir qu'une exécution relative, à moins, nous le répétons encore, d'une liquidation.

Est-il nécessaire d'adopter cette formule pour les billets de la Banque foncière ? Nous ne craignons pas de répondre négativement, voici pourquoi : en premier lieu , nous trouvons inutile, pour ne pas nous servir d'une qualification plus accentuée et plus vraie, d'employer une *fiction* ou une formule qui ne serait pas *intégralement réalisable*. Il nous suffit de rappeler qu'en 1848, la Banque de France se voyant dans l'impossibilité de rembourser ses billets , fut obligée de recourir au COURS FORCÉ. C'est un danger que la Banque foncière doit éviter : il faut la VÉRITÉ en toutes choses et spécialement dans les questions de crédit. C'est parce que le public n'a pas vu assez clair dans une foule de spéculations actionnaires, qu'il a été trompé par les apparences de gros dividendes promis, et que naturellement, il a été victime de sa *confiance aveugle.*

Quant à nous, nous ne demandons pas au public qu'il *donne sa confiance* à la monnaie fiduciaire de la Banque agricole. Nous voulons que cette *confiance* s'impose d'elle-même, par la CERTITUDE DÉMONTRÉE, *que cette monnaie reposera sur un gage qui la mettra* ABSO-

LUMENT *à l'abri de toute espèce de chances aléatoires*. C'est là ce que nous cherchons à faire comprendre : c'est à ce prix que nous éviterons l'*obligation inutile de l'échéance des billets contre espèces* : c'est à ce prix que nous éviterons le COURS FORCÉ.

Il est certain que nous nous serions bien gardé, il y a quelques années à peine, de proposer la création d'une nouvelle monnaie fiduciaire. A l'époque où il y avait des Banques départementales, indépendantes de la Banque de Paris, les billets de celle-ci n'étaient reçus au pair dans aucune des villes de France. Les billets de banque de Lyon, Rouen, Bordeaux, Toulouse, perdaient de 1/4 à 1/2 p. 0/0 si on voulait les échanger contre espèces dans une ville autre que celle de leur création. A cette époque, les billets de banque n'étaient reçus pour leur valeur nominale qu'au siège de la Banque qui les avait émis.

Nous n'en sommes plus là aujourd'hui. La fusion des Banques, si elle a eu pour résultat de rendre la Banque de France, maîtresse du crédit du commerce et de l'industrie, a puissamment contribué, par l'unité de la monnaie fiduciaire, à en répandre l'usage. Les billets de banque sont aujourd'hui acceptés jusque dans les communes rurales, quoiqu'ils ne soient échangeables qu'au siège d'une succursale. Mais cette monnaie fiduciaire inspire une confiance telle que tout le monde l'échange sans difficultés contre le numéraire. Sous ce rapport, il y a un progrès incontestable qui facilitera, nous l'espérons, l'admission de la monnaie fiduciaire de la Banque foncière et agricole.

Toutefois, la plus grande difficulté, nous le reconnaissons, et nous l'avons déjà dit, est de faire comprendre

au public que la monnaie fiduciaire de la Banque foncière
et agricole n'a pas besoin de porter ces mots : il *sera payé
à vue, au porteur, en espèces.* Pourquoi, en effet, le porteur d'un billet de la Banque foncière et agricole exigerait-il l'échange en monnaie métallique, s'il peut être
certain de trouver, à la Banque, des coupures de billets,
variées comme la monnaie métallique elle-même, à
partir de 5 francs et au-dessus, coupures qui rempli-
raient le même rôle que les pièces de monnaie corres-
pondantes. Il suffira, pour obtenir ce résultat, que la
Banque ait toujours, à la disposition du public, assez
de ces coupures pour la plus grande facilité des échanges. La proportion observée, pour les monnaies métalliques fabriquées par l'Etat, pourrait servir de base
à la *quantité* et à la *quotité* des coupures.

Est-il permis de supposer que le public accepterait
les billets de 100 fr., 200 fr., 500 fr. et 1000 fr., et
qu'il refuserait ceux de 5 fr., 10 fr., 20 fr., 50 fr. ?
Il aurait dans les uns et dans les autres la même confiance, il n'en faut pas douter.

L'important pour lui, c'est qu'il soit bien convaincu
que l'émission ne *pourra jamais dépasser la moitié de la
valeur du SOL NU*, sans tenir compte des maisons, fermes et plantations de toute nature. Avec quelle faveur
n'accueillera-t-il pas cette monnaie fiduciaire *garantie
par un* GAGE INDESTRUCTIBLE, *dont la valeur augmente sans
cesse et qui pourrait être fractionné à l'infini*, en cas de
liquidation obligatoire et d'absence de tous prêteurs, et
même de MONNAIE MÉTALLIQUE. Pourquoi exigerait-il
l'échange des billets en espèces, lorsqu'au moyen de
petites coupures, il peut s'en passer ? Ne trouvera-t-il
pas toujours, quelle que soit la situation des affaires,

quelque violentes que puissent être les crises, les révolutions elles-mêmes, ne trouvera-t-il pas *toujours* pour
GAGE INFAILLIBLE de cette monnaie, LE SOL, qu'il
n'est donné à personne d'emporter ou de détruire ?
Le public français serait-il, par hasard, moins disposé que le public anglais et le public américain à se
servir des petites coupures ? Il est juste de le dire : si
le public français est arriéré sur les questions de crédit
et de monnaie fiduciaire, c'est que la féodalité financière n'a pas jugé de son intérêt de l'instruire à cet
égard. — Combien de fois n'avons-nous pas entendu
des actionnaires de la Banque de France crier contre le
papier monnaie, excepté contre celui de cet établissement ! C'est là, l'un des tristes résultats de tous les
priviléges et de tous les *monopoles* qui ne peuvent se
soutenir que par l'ignorance du plus grand nombre.

Certes, nous concevons que la Banque de France
soit obligée d'échanger à *vue* ses billets contre des espèces, par la raison que *le gage principal* de sa monnaie
fiduciaire n'est qu'un GAGE MORAL (la *confiance* au
paiement des *billets* du *portefeuille*) ; et, que le CAPITAL
MATÉRIEL des actionnaires (*environ six fois plus faible
que l'émission*, avant que le capital de la Banque fût
doublé, et qui aujourd'hui est près *de quatre fois plus
faible que l'émission*), ne s'aurait être qu'un GAGE MATÉ-
RIEL *insuffisant*, puisqu'il est *uniquement* destiné à garantir les avaries possibles du portefeuille, et que les
actionnaires ne sont RESPONSABLES que jusqu'à la limite
de leur capital.

Nous concevons que la Banque de France soit obligée d'avoir un encaisse métallique, indépendant du
capital des actionnaires, encaisse qu'elle ne pouvait, en

aucune façon, posséder au début de ses opérations d'escomptes. Quand donc et comment s'est formé cet encaisse métallique ? Nous l'avons déjà dit : c'est par les premières rentrées des échéances qu'elle a pu commencer à l'établir ; elle a bientôt reconnu la nécessité de le continuer et de l'élever à un certain niveau, en *laissant à sa réserve métallique environ le tiers de chacune de ses opérations*. C'est ainsi qu'elle forme et conserve l'encaisse métallique destiné à l'échange de ses billets.

Il faut, en effet, qu'elle tienne toujours IMMÉDIATEMENT DISPONIBLE une certaine quantité de numéraire pour l'échange d'une *partie* de son papier-monnaie. Mais, nous le répétons, elle ne pourrait les *rembourser intégralement* qu'à la condition de *procéder à sa liquidation*. Cet encaisse métallique serait absolument nécessaire, lors même que la Banque de France tiendrait à la disposition du public des coupures de petite valeur : car, aujourd'hui elle est le seul dépôt d'assez grandes quantités de monnaie métallique destinée aux transactions internationales. Ceci vient encore confirmer l'opinion, que nous avons émise plus haut, de la nécessité qu'il y a d'avoir deux sortes de monnaie : UNE MONNAIE FIDUCIAIRE *assez solidement assise, pour pouvoir, au besoin, se passer de monnaie métallique dans les échanges à l'intérieur,* et la MONNAIES MÉTALLIQUE *toujours disponible pour les transactions internationales.*

Enfin, nous ne saurions trop revenir sur ce point : la Banque de France est composée d'un certain nombre d'actionnaires jouissant du privilége de presque *sextupler* leur capital, jusqu'au moment où elle a été autorisée à doubler le capital primitif. A l'heure qu'il est, ainsi que nous allons le démontrer bientôt, elle jouit du privilége de presque quadrupler son capital doublé. Et, dans ces conditions, n'est-il pas juste, n'est-il pas absolument *indispensable* qu'elle soit obligée de tenir une certaine quantité de numéraire, *constamment disponible*, pour échanger ses billets contre des espèces? Où seraient donc les garanties et les compensations de son monopole, surtout lorsque ce numéraire ne lui coûte pas cher?

En fait, le billet de banque ne représente que la valeur d'une marchandise *livrée* à la consommation, représentée elle-même par une promesse de payer, à courte échéance, garantie par trois signatures. Le capital de cautionnement n'existe que pour garantir les avaries du portefeuille. — Nous comprendrions que la Banque de France fût dispensée de l'échange de ses billets contre du numéraire, si elle avait, pour appuyer sa monnaie fiduciaire, un gage *matériel*, *certain*, INFAILLIBLE. A-t-elle même quelques droits sur la marchandise qui fait l'objet des promesses de payer qu'elle a escomptées? Il est superflu de s'arrêter à cette question, puisque ses billets reposent sur des *valeurs représentant des produits déjà livrés à la consommation*.

D'un autre côté, la *solvabilité* des trois signatures, par des circonstances particulières ou générales, peut être *altérée* : et, comme c'est sur la *confiance* en *cette solvabilité* que reposent les billets de circulation de la Banque de France, il faut bien, si celle-ci veut que le public conserve la *confiance* en ses billets, qu'elle *tienne toujours disponible* une certaine quantité de numéraire pour en opérer l'échange immédiat, sinon, comme on l'a vu quelquefois, le *cours forcé* serait momentanément nécessaire, ou bien il faudrait procéder à la liquidation.

En outre des raisons ci-dessus, les transactions inter-nationales l'obligent à une certaine *disponibilité* de nu-méraire ; car, ainsi que nous l'avons dit tout-à-l'heure, la Banque est l'*unique* GRAND DÉPÔT où viennent s'accu-muler les monnaies métalliques. Elle seule, à un mo-ment donné, peut suffire aux nécessités du commerce, lorsque celui-ci a besoin d'exporter à l'étranger les monnaies destinées, soit à solder les différences de l'échange des produits, soit à acheter des matières premières qu'il n'obtient qu'au moyen de la monnaie métallique.

Donc, l'échange à vue des billets de la Banque de France contre des espèces, est INDISPENSABLE. Sans cette condition, le public n'en voudrait pas, et, *c'est parce que cette condition existe,* QU'IL EN USE PEU.

Il est donc vrai que les industriels et la plupart des porteurs des billets de la Banque de France, n'ont recours à l'échange contre espèces, que parce que celle-ci n'a pas à leur disposition des coupures de petite valeur. Peut-être la Banque de France a-t-elle reculé devant cette mesure qu'elle a considérée comme une cause d'embarras, précisément par la condition de l'échange obligatoire en espèces. Quant à nous, à l'heure qu'il est, nous regardons sa réserve et sa pru-dence comme exagérées. L'éducation du public, au point de vue de la circulation de la monnaie fiduciaire, ne pourrait que gagner à la création de petites coupures. La Banque de France, qui a le monopole de la mon-naie fiduciaire, a-t-elle intérêt à en répandre l'usage ? Toute la question est là.

Pour faire comprendre que la *fiction* de l'échange obligatoire, à vue, en espèces, est inutile pour la monnaie fiduciaire de la Banque foncière et agricole, il suffit, ce nous semble, d'établir la valeur véritable du papier monnaie de celle-ci et de comparer cette valeur à celle des billets émis par la Banque de France. C'est ce que nous allons faire pour l'édification du public.

Avant que la Banque de France fût autorisée à doubler son capital de 91 millions 250,000 fr., elle pouvait élever la somme de sa monnaie fiduciaire à 525,000,000; l'émission était, par conséquent, représentée par le *capital des actionnaires* MULTIPLIÉ par 5 fr. 75 et une fraction; chaque pièce de 1 fr. prenait donc, au profit des actionnaires, au point de vue de la circulation, la valeur de 5 fr. 75 c.

Depuis que la Banque de France a été autorisée à doubler le capital de ses actionnaires, ce capital s'est élevé à la somme de 183,500,000 francs.

L'émission de sa monnaie fiduciaire, d'après la loi de 1849, pouvait être élevée à.... 525,000,000 fr. auxquels il faut ajouter le prêt fait à l'Etat du montant du second capital 91,250,000 fr.

Le total de l'émission peut donc être de . . . . 616,250,000 fr.

L'émission est, conséquemment, représentée par le capital des actionnaires doublé, soit 183,500,000 *multiplié* par 3 fr. 35 et une fraction.

Donc, la Banque de France jouit encore (en admettant que sa circulation ne puisse pas dépasser 616,250,000 francs) du privilége de pouvoir faire circuler 3 fr. 35 pour chaque pièce de 1 franc, et, si l'on en veut une preuve bien sensible, on n'a qu'à

— 165 —

consulter le cours de ses actions qui, de 1000 francs,
se sont élevées au prix de 3,500 fr. environ, c'est-à-
dire dans la proportion de 1 à 3 50, chiffre qui dépasse même la proportion du capital des actionnaires
à celui de l'émission.

Passons à l'examen du capital de la Banque foncière
par rapport à son émission.

L'émission de la Banque foncière et agricole est représentée par un *capital* DIVISÉ par DEUX, c'est-à-
dire, double de l'émission, au lieu d'être *multiplié*
par 3 fr. 35 comme à la Banque de France. Ce capital
a une valeur *intrinsèque*, *inaltérable*, à *l'abri du vol*,
divisible à l'infini, *d'une valeur toujours croissante;* il
est, pour ainsi dire, *d'une durée éternelle :* car l'humanité périra avec lui.

Donc, l'émission de la Banque de France est égale
au capital des actionnaires multiplié par 3 fr. 35, et
cette émission n'a sa valeur qu'au moyen des valeurs
à trois signatures, lesquelles, dans certaines circonstances, peuvent subir quelqu'altération.

L'émission de la Banque foncière est égale à la moitié de la valeur du *sol nu*, lequel a une valeur toujours croissante.

Quelle sera la meilleure de ces monnaies fiduciaires,
si on tient compte des caractères essentiels de leurs
gages ? Le public décidera.

En somme, la Banque de France est un établissement
de crédit fondé en vue d'une *spéculation*. Elle est formée par un certain nombre d'actionnaires qui ont le
privilége de créer un capital presque quadruple de
celui qu'ils possèdent : ce capital quadruplé ne leur
coûte absolument que le prix de fabrication des billets

de circulation. Les *actionnaires n'ont pas*, *en consé-quence, à en payer le loyer ou intérêt*. Le seul intérêt qui leur soit légitimement dû, c'est celui du capital qui sert de cautionnement au portefeuille. Et, comme il leur est permis de placer une partie de ce capital de garantie en rentes sur l'Etat, ils profitent de la permission, pour augmenter les bénéfices résultant des escomptes opérés avec le capital presque quadruplé : ce que nous sommes loin de blâmer.

Les actionnaires de la Banque de France sont donc les *assureurs* des valeurs qu'ils escomptent, par consé-quent, les assureurs de leur monnaie fiduciaire. L'assu-rance suppose naturellement *des chances aléatoires* et par conséquent *le droit à une rétribution*.

La Banque de France a pour but définitif de distri-buer à ses actionnaires les plus gros dividendes possi-bles. N'avons-nous pas raison de dire qu'elle a été fondée en vue d'une spéculation ? Elle jouit de certains priviléges : elle est soumise à certaines obligations. Ses actionnaires, notons-bien ceci, ne sont responsables que jusqu'à concurrence du montant de leurs actions. C'est avec la monnaie fiduciaire qu'elle escompte les valeurs qui constituent son portefeuille et *qui donnent à cette monnaie fiduciaire sa valeur intégrale*. Il est bon de rappeler, en passant, que la Banque fait payer aux emprunteurs qui donnent en réalité, la valeur intégrale à sa monnaie fiduciaire, l'intérêt du capital presque quadruplé qui *ne lui coûte rien !*

Quels sont les moyens, quel est le but de la Banque foncière ?

Nous avons tout-à-l'heure établi par des nombres le rapport du papier monnaie de la Banque de France avec son émission et celui du papier monnaie de la Banque foncière avec la limite extrême de la sienne.

Il est incontestable, ainsi que nous l'avons déjà démontré, que la monnaie fiduciaire de la Banque de France repose sur un GAGE IMMATÉRIEL *et le plus facilement altérable*, LA CONFIANCE, appuyée d'une *assurance matérielle environ quatre fois plus faible que l'émission, laquelle assurance peut courir des chances aléatoires si on en opère le placement en totalité ou en partie, en rentes sur l'Etat.*

La monnaie fiduciaire de la Banque foncière reposera sur un GAGE MATÉRIEL D'UNE VALEUR AU MOINS DOUBLE DE CELLE DE L'ÉMISSION. *Ce gage est infaillible, divisible à l'infini; il doit durer autant que l'humanité, et sa valeur est toujours croissante.* Ce GAGE, C'EST LE SOL.

Ne nous est-il donc pas permis d'affirmer que la monnaie fiduciaire de la Banque foncière est incontestablement mieux assise que celle de la Banque de France? Car, le SOL a une valeur intrinsèque infiniment supérieure à celle de la monnaie métallique, qui n'a qu'une valeur relative de convention et qui tend toujours à descendre. Le billet de la Banque foncière pourra donc circuler *fièrement* à côté du billet de la Banque de France pour les transactions intérieures. C'est une MONNAIE NOUVELLE qui, *sans valeur intrinsèque propre*, repose sur le plus *inaltérable* des capitaux, sur le plus indispensable des instruments de travail.

Cette monnaie nouvelle, outre ce gage d'une valeur au *moins double* de celle de l'émission, vient s'appuyer encore *sur les sommes versées chaque année pour l'amortissement.*

Nous n'avons donc pas d'actionnaires à la *Banque foncière* ; car, nous n'avons pas besoin de capitaux en monnaie métallique, dont nous aurions à payer le loyer, puisque nous avons un CAPITAL DOUBLE, *offert gratuitement en garantie par les emprunteurs qui, par ce fait, sont les actionnaires de leur établissement de crédit.* Ce CAPITAL DOUBLE est autrement solide que le capital-assurance de la Banque de France, augmenté de tout le portefeuille contenant les valeurs à trois signatures, et de tous les immeubles que cet établissement possède. Qui pourrait soutenir le contraire ? Pour prouver d'ailleurs l'exactitude de notre affirmation, il s'agit de se demander si le sol est véritablement un capital, s'il en a tous les caractères. C'est ce qui a été déjà démontré, nous n'y reviendrons pas.

Il n'y a donc à la Banque foncière, *ni actionnaires, ni dividendes, ni chances aléatoires ;* par conséquent son but ne saurait toucher, par aucun point, *à la spéculation proprement dite.* Est-il besoin d'ajouter que les conditions d'un établissement de crédit, tel que la Banque foncière, sont de n'avoir de rapports qu'avec des propriétaires fonciers et des agriculteurs, trafiquant de leurs denrées *à l'intérieur !* Ceux-ci ont besoin d'une monnaie de circulation qui leur soit, pour ainsi dire, propre, et qui, par l'impossibilité où elle sera de franchir les limites du territoire de l'Empire, LES METTRA A L'ABRI DES CRISES FINANCIÈRES QUE LA RARETÉ DU NUMÉRAIRE PRODUIT TROP SOUVENT.

A la propriété foncière, à l'industrie agricole qui donnent de produits *peu lucratifs* et *qui ne se renouvellent pas* comme ceux de l'industrie, il faut un crédit *à long terme et à bon marché.* Le long terme ne peut être que le résultat de l'hypothèque sur un gage infaillible et d'une valeur plus considérable que l'émission : le bon marché ne peut être obtenu que par l'abondance des capitaux de circulation. La monnaie fiduciaire de la Banque foncière pourra seule remplir ces conditions.

Au Commerce dont le rôle est de répandre au loin les produits du sol et ceux de l'industrie et de procurer à celle-ci les matières premières et les produits qui nous manquent, il faut laisser le capital en numéraire qui lui sert, en outre, à multiplier les agents de circulation par une heureuse combinaison qui a su attirer la confiance du public.

La Banque foncière et la Banque de France peuvent fonctionner côte à côte sans se heurter : elles peuvent et doivent se servir mutuellement. L'une sera le dépôt de la monnaie métallique pour les transactions internationales, en même temps que par sa monnaie fiduciaire elle escomptera les valeurs du commerce et de l'industrie. L'autre sera la banque de la propriété foncière et de l'industrie agricole. Sa monnaie fiduciaire sera exclusivement utilisée pour les transactions intérieures. Le capital deviendra alors ce qu'il doit être : *L'agent auxiliaire* et non le dominateur du travail et du crédit.

Nous croyons avoir démontré la SUPÉRIORITÉ INCONTESTABLE du papier fiduciaire de la Banque foncière sur celui de la Banque de France. Nous ne pouvons pas croire que le public, lorsqu'il sera bien convaincu de cette démonstration, puisse repousser le billet de la Banque foncière, parce qu'il ne sera pas *obligatoirement* échangeable en espèces. Tout ce qu'il sera en droit d'exiger pour ses billets si solidement garantis, c'est que la Banque tienne à sa disposition des coupures de petites sommes à partir de 5 fr. *et en quantité toujours suffisante.*

Dans ces conditions, l'Etat pourra opérer une réforme utile dans les monnaies métalliques en transformant une *certaine quantité de pièces d'argent de 5 fr.*, en petite monnaie de 0 fr. 50 cent., 1 fr. et 2 fr.

Pour en finir avec cette question d'échange des billets contre espèces, sur laquelle nous demandons pardon au lecteur d'insister si longtemps, nous dirons au public :

Si vous acceptez les billets de circulation d'une banque de spéculation dont les actionnaires jouissent du PRIVILÉGE *de se donner gratuitement une monnaie fiduciaire représentant près de* QUATRE FOIS *le capital qu'ils possèdent, n'accepterez-vous pas, avec la même faveur, la monnaie fiduciaire d'une Banque foncière qui, au lieu d'être* QUATRE FOIS PLUS FORTE, SERA SEULEMENT ÉGALE A LA MOITIÉ *du capital* INFAILLIBLE *qui lui sert de gage ?*

Si vous acceptez les billets de la Banque de France qui reposent UNIQUEMENT *sur un gage* MORAL *égal à l'émission, et sur un capital matériel* QUATRE FOIS *plus faible que l'émission, n'accepterez-vous pas les billets de la Banque foncière qui reposent sur un gage* MATÉRIEL, *d'une valeur double de celle de l'émission, gage qui a une valeur intrinsèque infiniment supérieure à celle de la monnaie métallique,* LE SOL, *enfin, qui est divisible à l'infini, et qui est à la fois le plus impérissable des capitaux, le plus indispensable de tous les instruments de travail ? N'accepterez-vous pas cette monnaie fiduciaire avec ces garanties auxquelles vient s'ajouter celle des fonds versés chaque année pour l'amortissement ?*

Si vous acceptez avec raison, au même titre que la monnaie métallique, des billets de Banque qui, malgré l'échange, obligatoire contre espèces, ne pourraient être intégralement remboursés qu'à la CONDITION D'UNE LI-QUIDATION ;

Si, malgré que les billets de la Banque de France ne reposent que sur un gage moral, vous avez en eux une confiance justement méritée, et si vous ne vous décidez à aller échanger ces billets pour payer vos ouvriers, vos petites dépenses, ou des sommes inférieures aux plus faibles coupures, que parce que la Banque de France ne tient pas ces plus faibles coupures à votre disposition :

N'accepterez-vous pas les billets de la Banque foncière qui n'ont pas besoin de porter sur leur formule la condition (irréalisable intégralement à la Banque de France elle-même) de l'échange contre espèces, par la double raison qu'ils reposent sur un gage matériel INFAILLIBLE *, et que pour éviter cette* FICTION *inutile et par suite* LE COURS FORCÉ *, la Banque tiendra à la disposition du public les petites coupures à partir de 5 fr. en quantité suffisante ?*

Enfin, ne comprendrez-vous pas que c'est précisément parce qu'il y a des chances aléatoires à courir, que la Banque de France est soumise à l'obligation de l'échange de ses billets contre espèces ?

Ne comprendrez-vous pas que la Banque foncière, n'ayant pas pour but la réalisation de bénéfices au profit d'actionnaires qui n'existent pas, n'a pas de chances aléatoires à courir, parce que sa monnaie fiduciaire repose sur un capital infaillible, et que par conséquent la Banque est infaillible elle-même ? L'important pour elle, c'est de tenir à la disposition du public une quantité suffisante de petites coupures.

Quelle sera la réponse du public à cette série de questions de bon sens? Elle pourra se faire attendre , parce qu'il faut plus de temps à la *masse* qu'à *l'individu* pour s'assimiler une vérité. Mais la réponse sera tôt ou tard affirmative. Nous arrivons donc à nous passer de LA FICTION et à éviter le COURS FORCÉ. On comprend que le cours forcé pour une monnaie ainsi garantie n'aurait jamais aucune raison d'être : car, la création des billets n'ayant lieu qu'au fur et à mesure des emprunts , la circulation ne *peut jamais dépasser la moitié de la valeur de la propriété qui leur sert de gage.*

De tout ce que nous venons de dire , il ne faut pas conclure qu'il n'entrera pas de monnaie métallique dans les coffres de la Banque foncière et que celle-ci n'échangera par ses billets contre des espèces. En effet , puisque la Banque de France, à partir du moment des premières échéances, est parvenue à se constituer un encaisse métallique , indépendant de son capital de cautionnement, encaisse qui se serait formé dans une certaine mesure, même sans la précaution de verser à sa réserve métallique environ le tiers de chacune de ses opérations, ne faut-il pas *espérer*, sinon *affirmer* que notre Banque recevra ses annuités partie en espèces , partie en ses propres billets , partie en billets de la Banque de France? Il arrivera donc un moment où une partie de l'encaisse de la section de la Banque foncière qui prêtera sur consignation de denrées et au moyen des sommes versées pour l'amortissement, se composera de numéraire, et non-seulement on la trouvera disposée à échanger contre TOUT LE NUMÉRAIRE DISPONIBLE, ses propres billets, mais encore ceux de la Banque de France elle-même. Quel intérêt aurait-elle à ce que son encaisse fût composé de numéraire ou de billets? Mais, il doit en être autrement pour la Banque de France dont la teneur des billets l'oblige à conserver des réserves puissantes pour suffire aux demandes d'échange. Elle a si bien compris la nécessité de cet encaisse métallique, qu'elle en fait l'une des bases de *la quantité* et de la *quotité* du taux de son escompte.

La Banque foncière, n'ayant pas besoin de monnaie métallique, puisque ses billets ne portent pas l'engagement de les payer à *vue*, en *espèces*, opèrera donc les échanges contre des espèces, tant qu'elle en aura dans ses coffres. Elle n'aura nul besoin de les immobiliser, pas plus que ses billets, puisque la plus grande partie des annuités acquittées par les emprunteurs, doit être placée le plus promptement possible; car, elle doit parvenir, à chaque période de 60 ans environ, à partir de la première année, à éteindre le capital emprunté par les propriétaires du sol.

Nous croyons avoir répondu à la première et à la deuxième objection. Examinons la troisième que nous avons formulée ainsi :

En cas de liquidation, avec quelle monnaie la Banque agricole remboursera-t-elle ses billets?

A propos de cette troisième question, deux cas peuvent se présenter : celui d'une *liquidation normale*, et celui d'une *liquidation forcée*.

PREMIER CAS. — De même que la Banque de France, prêtant à courte échéance (90 jours au plus), est autorisée à fonctionner pendant un certain nombre de périodes de 90 jours, et que la dernière période est nécessaire pour une liquidation normale; de même, la

Banque agricole, prêtant à *long terme*, c'est-à-dire à une échéance qui porte la durée de l'amortissement définitif de l'emprunt à soixante ans au plus, pourrait être autorisée à fonctionner, à titre d'essai, pour dix périodes *avec faculté de retrait d'autorisation*. Nous verrons, en examinant le cas d'une *liquidation forcée*, que sa *monnaie fiduciaire* ne présenterait aux porteurs aucune chance de perte. Donc, pour une liquidation normale de la Banque agricole, il faudrait *une période de soixante années au plus*. Le crédit foncier a été autorisé pour quatre-vingt-dix-neuf ans, et il fait des prêts amortissables jusqu'à soixante ans. Si la Banque foncière était autorisée, comme la Société du crédit foncier, pour 99 ans, elle pourrait opérer des prêts pendant 38 périodes ; car, la période d'amortissement étant de 60 ans, l'emprunt de la 1re année serait éteint à la 61e année, celui de la 2e année serait éteint à la 62e année, et ainsi de suite jusqu'à l'emprunt de la 38e année inclusivement, qui serait éteint dans la 99e année. La période du terme n'a donc rien d'extraordinaire en cas de liquidation de la Banque agricole. Cette liquidation serait réalisée (avons-nous besoin de le dire ?) sans aucune espèce de secousse, au moyen du numéraire ou autres monnaies ayant cours authentique, résultant des recouvrements et de la vente des titres que la Banque agricole aurait successivement achetés avec le produit des annuités pour l'amortissement.

On peut objecter que la vente simultanée d'une telle quantité de valeurs mobilières tendrait nécessairement à jeter sur elles une défaveur qui en ferait diminuer le prix. Mais nous devons rappeler que, *rigoureusement*, et en supposant les annuités placées *à raison de*

3 p. 0/0 l'an, à peu près au moment de leur percep-
tion, la quotité de l'annuité étant de 1 p. 0/0 de la
somme empruntée, l'emprunt se trouverait éteint en
47 ans. Or, en admettant même, chose impossible, que
ces annuités ne fussent pas placées entièrement pendant
le cours de chaque exercice, la Banque agricole pourrait commencer le remboursement ou le retrait de ses
billets même avant la quarante-huitième année, et, de
cette façon, la réalisation des titres serait répartie en
douze années, ce qui atténuerait très certainement l'inconvénient d'une dépréciation possible.

DEUXIÈME CAS. — En admettant (hypothèse impossible) que le sol vînt à perdre une partie de sa valeur,
et que la Banque agricole, par le discrédit de son papier fiduciaire, ou par toute autre cause, fût obligée
d'en venir à une liquidation précipitée, il est certain
que cette liquidation pourrait être opérée, sans perte
possible pour les porteurs de ses billets. En effet,
la Banque procéderait d'abord à la rentrée des
prêts sur consignation de denrées, sur cheptel et sur
récoltes pendantes et à la réalisation des valeurs
mobilières provenant du placement des annuités qui
couvriraient une partie quelconque de ses billets de
circulation. — Le reste serait payé avec le produit de
la vente du sol hypothéqué, si les emprunteurs ne
trouvaient pas d'autre moyen de remboursement de
leur dette. Mais il est probable que, sauf à payer provisoirement un intérêt très élevé, ils trouveraient à
emprunter sur hypothèque et parviendraient pour la
plus grande partie à se libérer sans expropriation. —
S'ils ne trouvaient pas des prêteurs, même à des conditions onéreuses, on aurait toujours la ressource de
l'expropriation.

Il n'est pas possible d'admettre que la vente forcée du sol amènerait une dépréciation considérable dans sa valeur, par le motif que si, d'un côté la mise en vente d'une masse de terrains était absolument nécessaire, et produisait une dépréciation, il faudrait d'autre part tenir compte que la propriété présente un attrait trop naturel, trop irrésistible ; elle possède également le caractère d'une trop grande sécurité, pour que ceux qui auraient accumulé des richesses ou des épargnes (et il y en a toujours) ne vinssent pas opposer un contre-poids naturel à cette dépréciation. Les petits acheteurs accourraient en foule, et il est positif que la vente morcelée donnerait les résultats les plus satisfaisants.

Enfin, il faut se souvenir que le gage de la monnaie fiduciaire de la Banque foncière a une valeur *plus* que double de l'émission, puisque celle-ci a eu pour base l'estimation du *sol nu*, sans y comprendre les maisons, les fermes, les plantations, etc... Il serait donc ABSURDE de supposer que la vente de toutes les propriétés hypothéquées ne suffirait pas à acquitter la DIFFÉRENCE qu'il resterait à payer, après avoir retiré une partie des billets, au moyen des fonds provenant de l'amortissement et des intérêts cumulés, jusqu'au moment de la liquidation forcée.

Si on admet qu'avec un *capital équivalent au quart environ de sa monnaie fiduciaire*, la Banque de France peut assurer les avaries possibles de son portefeuille, est-il possible de nier que la Banque foncière puisse assurer sa monnaie fiduciaire (égale à la moitié de la valeur du sol) par l'autre moitié, c'est-à-dire par un nouveau capital de même nature et de même valeur ? Si la Banque de France le peut avec le *quart*, la Banque foncière le pourra avec l'*unité*.

Mais, en présence d'une nécessité qui n'est pas un fait passager, mais un besoin perpétuel et croissant d'agents de circulation *absolument* indispensables, les esprits sérieux et observateurs peuvent-ils s'arrêter à l'hypothèse impossible d'une *liquidation forcée* de la Banque foncière? Comment supposer même que le sol puisse diminuer de valeur?

Pour admettre l'hypothèse de cette diminution, il faudrait supposer, outre une immense diminution de la population, que l'*humanité tend à perdre son activité, son amour du bien-être, qu'elle a pris le parti de réduire ses besoins matériels d'une certaine quantité, de vivre sans travail, en un mot, de mentir à sa destinée. C'est impossible.*

Nous glisserons légèrement sur la quatrième objection relative à l'assimilation ou à la comparaison de la monnaie fiduciaire de la Banque agricole avec les assignats.

En étudiant la question de la monnaie fiduciaire, nous avons naturellement rencontré sur notre route les assignats dont la fabrication s'était élevée de 1790 à 1797 à la somme colossale de 40 milliards. Les assignats, créés par l'Etat, aboutirent à la plus immorale des banqueroutes. Il n'en pouvait pas être autrement : car, malgré les garanties matérielles offertes par les biens confisqués du clergé et des émigrés, l'Etat ne pouvait guère en limiter l'émission, débordé qu'il était par l'excessive rareté du numéraire depuis la fin du règne de Louis XIV et les premières années de la Régence, par les événements révolutionnaires, et par la guerre qui en était la conséquence. D'autre part, quelle confiance pouvaient inspirer ces masses d'assignats émis par un

Etat en détresse, obligé de recourir au *cours forcé?* Enfin ne suffisait-il pas d'une réaction possible pour amener la revendication d'un *gage* CONFISQUÉ et qui, par cela même, était d'*autant moins recherché* et par conséquent d'*autant plus déprécié?*

Un Etat peut bien emprunter, mais il ne doit jamais fabriquer une monnaie fiduciaire reposant, même sur le *domaine national.* Il n'existe et ne peut fonctionner qu'au moyen des revenus variables de l'impôt. On conçoit qu'il concentre dans ses mains le droit de fabriquer les monnaies métalliques. Mais là se borne son rôle en fait de fabrication des *signes représentatifs* des produits. Il ne nous paraît pas nécessaire de donner les raisons qui doivent empêcher un Etat de s'occuper de la fabrication et de l'émission des monnaies fiduciaires, autrement que pour autoriser les institutions de crédit qui en font usage, et exercer, au nom de la société, une surveillance sévère sur l'accomplissement des conditions imposées. Est-il possible, d'après tout ce que nous venons d'exposer, d'établir la moindre ressemblance, la moindre analogie entre les assignats et notre monnaie fiduciaire?

Enfin, on nous présente l'objection capitale que l'établissement d'une Banque foncière bien organisée et offrant toute les facilités possibles d'emprunt à long terme et à bon marché, occasionnera une augmentation dans la valeur du sol. C'est probable : et même nous y comptons par la raison que d'une part, ce sera la preuve que le sol mieux exploité rapporte davantage, et que, d'un autre côté, la valeur du gage n'y perdra pas. — Il pourra même arriver que l'augmentation de valeur atteigne à des proportions exagérées. Mais à qui fera-t-on croire que ce prix ne reprendra pas bientôt son cours normal, basé sur le revenu et jusqu'à un certain point sur le cours du taux de l'intérêt industriel? Pour qu'il en fût autrement, il faudrait supposer que les acheteurs feront assaut de niaiserie pour trouver une occasion de se ruiner plus vite. Qu'on se rassure donc à cet égard ; quelque minime que soit le revenu d'un placement, il en faut un : sans cette condition , l'acheteur ou le capitaliste n'immobilise pas un capital qu'il peut placer à intérêt.

Nous n'avons pas la prétention de croire que nous avons répondu à toutes les objections qui peuvent nous être présentées. Nous nous attendons à une avalanche d'observations de détail qu'il ne nous paraît pas utile de traiter ici. Déjà nous entendons crier de toutes parts : A l'*utopie*, *au rêve*, *à la folie*, peut-être ! Il ne nous en restera pas moins la conviction d'avoir consciencieusement accompli un devoir social. Nous attendrons , debout, sur le rocher inébranlable des principes que nous avons exposés, que le temps ait fait pénétrer dans les esprits l'idée féconde de l'organisation du crédit foncier et agricole, au moyen d'une nouvelle monnaie fiduciaire, ayant une partie de la valeur du *sol* pour gage. Car, si jusqu'à l'établissement de la Banque de France , la monnaie métallique a été le seul *signe représentatif* de la valeur des produits, en France, il faut reconnaître que ce signe représentatif a pu être très utilement multiplié par une monnaie fiduciaire *ayant pour appui une valeur toute morale et un capital en espèces presque quatre fois plus faible que l'émission.* — Tels sont les billets de la Banque de France : et, certes, nous ne sommes pas plus disposé, que qui que ce soit, à en repousser l'adoption.

Est-il rationnel, dès-lors, de supposer que les billets de la Banque foncière, reposant sur la première de toutes les valeurs intrinsèques matérielles, et sur le plus indispensable des instruments de travail, d'une *valeur réelle* au moins double de l'émission, puissent être frappés d'ostracisme par le public? Il est impossible de croire qu'il puisse en être ainsi ; il faudrait que le public eût perdu le bon sens et la logique. Cependant c'est là le côté important de notre système de crédit ; et c'est pourquoi nous avons cru devoir nous soumettre à des longueurs et à des répétitions, afin de donner plus de clarté à notre œuvre.

Après avoir essayé de prouver que notre monnaie fiduciaire n'a pas besoin de l'obligation de l'échange contre les espèces et que le cours forcé ne saurait l'atteindre, nous croyons devoir en résumer ainsi les motifs :

1° La monnaie fiduciaire de la Banque foncière reposera sur un GAGE INFAILLIBLE dans toute l'acception et l'étendue qu'il est permis à l'homme de donner à cette expression ;

2° La monnaie fiduciaire de la Banque foncière présentera une sécurité au moins double de celle des billets de la Banque de France ;

Enfin, outre la sécurité que donne le billet de la Banque foncière et agricole, n'y a-t-il pas un abîme entre le système de crédit de la Banque de France et celui de la Banque agricole? La Banque de France, en effet, a monopolisé dans ses mains le crédit industriel au profit d'une minorité de capitalistes qui ont le privilége de pouvoir presque quadrupler leur capital métallique par un papier-monnaie, et qui jouissent de plus de la faculté d'élever le taux de l'escompte à des limites qui, tant que le taux légal existera, pourraient conduire un capitaliste ordinaire en police correctionnelle.

En somme, la Banque de France a été fondée en vue du crédit industriel qui présente des chances aléatoires; et, telle qu'elle a été organisée, elle devenait nécessairement une *spéculation.* Le prix de ses actions donne la mesure de ce que peut produire un monopole habilement exploité. Dans la Banque foncière, point de monopole: car, telle que nous la comprenons, elle n'a ni actionnaires, ni obligations, ni dividendes. Nous nous trompons : elle a des actionnaires ; mais ce sont les emprunteurs eux-mêmes qui le deviennent, en fournissent le gage qui *garantit d'une manière infaillible,* ainsi que nous l'avons prouvé, sa monnaie fiduciaire. C'est donc une institution qui profite, d'abord, à ceux qui ont besoin de crédit à long terme, et qui par la plus naturelle et la plus équitable combinaison, parviennent à emprunter *sans intérêt à payer.* Car l'emprunteur étant l'actionnaire de la Banque foncière, paierait cet intérêt d'une main pour le recevoir de l'autre. En second lieu, elle utilise aux prêts à l'industrie agricole les fonds destinés à l'amortissement des sommes empruntées par les propriétaires du sol. Enfin, par la mise en circulation de sa monnaie fiduciaire, elle tend à faire descendre le taux de l'intérêt pour l'industrie et le commerce. La Banque foncière ne présente-t-elle pas tous les vrais caractères d'un établissement d'utilité générale, puisqu'elle fonctionne au profit du plus grand nombre?

L'emprunteur-actionnaire, dans notre système, n'est tenu de payer annuellement que trois choses :

1° Le personnel de l'administration;

2° La fabrication de la monnaie fiduciaire;

3° L'annuité destinée à l'amortissement de son emprunt.

En comptant 1/2 p. 0/0 sur les sommes empruntées, il y aura une somme plus que suffisante pour les deux premiers objets; le reste de cette somme pourra servir de réserve et fera, au besoin, retour aux emprunteurs lorsqu'ils auront intégralement amorti leur dette.

Quant à l'annuité pour l'amortissement, la quotité de 1 p. 0/0 annuellement versée, et placée à raison de 3 p. 0/0 à intérêt composé, amortira rigoureusement le capital emprunté en 47 ans. Mais, pour les raisons que nous avons exposées ci-dessus, nous prenons le terme de 60 ans. C'est donc en totalité un et demi p. 0/0 par an que l'emprunteur doit payer à la Banque foncière, y compris l'amortissement. Il y a loin de cette quotité à celle de 0 fr. 06 c. demandée par le crédit foncier, pendant 60 ans. Ce résultat n'a pas besoin de commentaire. Il est certain que si, au lieu de prendre pour base du placement des annuités le taux de 3 p. 0/0, nous prenions un taux plus élevé, nous arriverions ou à *diminuer* la *quotité* de l'annuité, ou à en *abréger la durée*.

Ainsi que nous l'avons déjà dit, le montant de l'annuité servira précisément à prêter sur consignation de denrées, sur cheptel et sur récoltes pendantes, au taux de 4 p. 0/0 l'an, dont 1 p. 0/0 pour frais d'administration et réserve, et 3 p. 0/0 qui seront capitalisés avec les annuités. Dans le cas où la somme des annuités serait plus élevée que les besoins des prêts dont nous venons de parler, le placement du surplus sera effec-

— 183 —

tué sur des valeurs mobilières, telles que rentes sur
l'Etat, obligations de chemins de fer, etc.; en un mot,
sur des valeurs présentant toutes les garanties désira-
bles, et donnant un revenu *minimum* de 3 p. 0/0. Tout
ce que nous venons de dire prouve une fois de plus
que lorsqu'un principe est vrai, l'application est toujours au profit du plus grand nombre ; les conséquences en sont incalculables.

Donc, la Banque foncière, en outre des services immenses qu'elle est appelée à rendre à la propriété et à
l'agriculture, présente un caractère de moralité incom-
parable, par cela seul qu'elle est à l'abri de toute spéculation et de tout tripotage de Bourse. En effet, il n'y
a pas matière à spéculation, puisqu'elle n'a ni actions, ni obligations, ni dividendes. Elle jouira en
conséquence d'une honorabilité que la vérité et la
justice peuvent seules octroyer.

Dans ces conditions, nous croyons pouvoir affirmer
que le public accueillera avec reconnaissance la monnaie fiduciaire de la Banque foncière. L'Etat, de son
côté, peut aider de toute son autorité à cette adoption,
en déclarant qu'il l'admettra dans ses caisses au même
titre que les billets de la Banque de France.

En dehors de toutes les raisons que nous avons
données pour faire comprendre la valeur de la monnaie
fiduciaire de la Banque agricole, n'y a-t-il pas à côté
de l'adoption par l'Etat, qui certes a sa valeur, un
moyen simple et pratique de faire accepter ce papier
comme monnaie courante ? Qui donc a plus d'intérêt
que les propriétaires du sol emprunteurs, les agriculteurs et les fermiers, à faire accepter leurs billets par le
public ? S'il en est ainsi (et personne ne nous contredira),

les propriétaires , les agriculteurs et les fermiers n'ont qu'à établir la condition que leurs denrées vendues , surtout dans les foires et marchés ruraux, soient payées *exclusivement*, en monnaie fiduciaire de la Banque foncière, même pour les appoints dont il existera des coupures. Voilà le *cours forcé* tel que tout le monde le comprendra et l'acceptera.

Mais , nous dira-t-on , il faut que l'Etat autorise la création de la Banque foncière et agricole qui va jeter dans la circulation des masses de monnaie fiduciaire. Ne reculera-t-il pas devant la perturbation probable qu'amènera cette augmentation de capitaux de circulation dans les opérations financières ? Et d'abord , on nous permettra de n'être pas touché de cette perturbation dont les résultats peuvent occasionner la ruine de quelques joueurs effrénés de la Bourse. Ceux-ci ne méritent pas qu'on s'arrête à une situation qu'ils ont volontairement acceptée. L'immoralité du jeu n'est digne ni de respect ni de tolérance ; passons.

Mais nous devons examiner de sang-froid les effets et les conséquences de l'augmentation des capitaux de circulation. Il est certain que les propriétaires fonciers ont le plus grand intérêt à se débarrasser des prêteurs qui leur font payer cinq pour cent pour le loyer des capitaux empruntés jusqu'à ce jour; ils pourront en effet se prêter gratuitement à eux-mêmes , tout en rendant service aux agriculteurs et aux fermiers en leur prêtant, les annuités destinées à l'amortissement à raison de 4 p. 0/0 l'an. Lorsque toutes les sommes affectant hypothécairement la propriété seront remboursées , il y aura , au moins, une somme de 4 à 5 milliards disponible. Il faudra bien que la féodalité financière cher-

che à utiliser ces capitaux qu'elle ne saurait laisser improductifs.

On comprend, que jusqu'au moment où elle aura
trouvé l'occasion d'en opérer le placement certain et lucratif, elle usera de tous les moyens possibles pour
empêcher l'organisation de la Banque foncière : elle
cherchera à en déprécier la monnaie fiduciaire, en la
comparant aux assignats révolutionnaires. Qui sait?
Elle l'appellera peut-être le papier-monnaie du *socialisme*. Elle criera à l'abomination de la désolation, à la
ruine de l'Industrie, du Commerce et même de l'Agriculture. Elle comprendra trop bien que le papier fiduciaire de la Banque foncière est plus solidement assis
que celui de la Banque de France, et que, d'après la
loi économique de l'offre et de la demande, elle sera
obligée de diminuer le taux de l'intérêt. Aussi, ne
désespérons-nous pas de voir cette féodalité puissante, proposer, au besoin, le sacrifice du papier fiduciaire de la Banque de France elle-même, pour rester
maîtresse de la situation. — Car, il faut en convenir,
ce papier l'embarrasse.

Personne, assurément, ne nous taxera d'exagération:
car, on sait combien le capital est habile à créer des
situations. La Bourse n'est-elle pas le théâtre d'un
triste drame pour l'observateur soucieux du bien-être
général, et non de celui d'une infime minorité de roués,
au préjudice de trop nombreuses dupes? Mais laissons
de côté ce triste spectacle, et revenons aux créanciers
hypothécaires.

Nous pourrions ne pas nous émouvoir outre mesure
de la situation nouvelle qui sera faite aux prêteurs ac-
tuels de la propriété foncière : car, se sont-ils émus

des plaintes déchirantes de celle-ci et de l'Agriculture?
Sont-ils venus lui offrir le secours fraternel de leurs
écus, aux époques, trop fréquentes, des crises qui faisaient descendre le cours des denrées au-dessous du
prix de revient? Qui donc a jamais senti palpiter le
cœur du capital? Nous pourrions nous contenter de leur
rappeler ces sublimes paroles de l'Evangile : *Cherchez
et vous trouverez.* Mais, nous serons plus charitable :
nous signalerons à leur attention les chemins de fer
dont le réseau présente de trop larges mailles sur toute
la surface de la France. Pourquoi même ne s'occupe-
raient-ils pas de créer les canaux d'irrigation pour
l'Agriculture? Car, si celle-ci jouit du crédit gratuit,
elle pourra payer plus largement les services rendus
par les Compagnies particulières qui lui apporteront le
moyen d'augmenter le revenu du sol. Les prêts à l'Industrie et au Commerce, devenant chaque jour plus
nécessaires par l'immense accroissement de la production et de la consommation, il n'y aura pas de capitaux
inutiles, on peut en être certain. Nous pourrions
citer encore une longue série de moyens de placement pour les capitaux remboursés aux créanciers hypothécaires ; mais nous ne voyons pas l'utilité de
présenter ici le tableau de tout ce qui peut procurer
aux capitaux l'occasion d'un placement avantageux
qu'ils sauront bien trouver. Terminons par cette considération importante, que la propriété, l'Agriculture,
l'Industrie et le Commerce ont tout à gagner à l'organisation de la Banque foncière et agricole, et que l'Etat,
dans le cas d'un emprunt nécessaire, trouvera à placer
ses titres à *un taux d'autant plus bas* que les *capitaux
seront plus abondants.*

Mais, nous dira-t-on, si les anciens prêteurs sur hypothèque ne veulent pas accepter, pour le paiement de leur créance hypothécaire, le papier monnaie de la Banque foncière, qui n'a pas de cours légal, et par conséquent, pas de cours forcé, comment délivrerez-vous l'emprunteur de ce créancier récalcitrant à l'endroit de votre monnaie fiduciaire ?

A coup sûr, la Banque foncière doit s'attendre à de pareils refus. Il serait par trop édifiant de voir le capital, jusqu'ici maître de la situation, abandonner, sans se plaindre et sans protester, le privilége de s'affranchir, par l'hypothèque, de toutes les chances d'un placement, surtout lorsque l'intérêt reçu est plus que rémunérateur du service rendu, puisque, malgré l'absence complète de chances aléatoires, *le taux de l'intérêt est plus élevé que la quotité des bénéfices.*

Il faudra donc trouver le moyen de renverser l'obstacle, ou de le tourner. Pour le renverser, il faudrait recourir au *cours forcé, dont nous ne voulons pas,* parce qu'il est un moyen *révolutionnaire.* Nous préférons adopter le dernier moyen et procéder par *évolution :* c'est une affaire de tactique dont nous allons indiquer la marche et les contremarches.

Tout le monde comprendra, que quelle que soit l'affluence des emprunteurs, au début de la Banque foncière (et il faut s'attendre à ce qu'elle soit considérable), celle-ci ne devrait, équitablement, effectuer les prêts qu'à tour de rôle et suivant la date des demandes. Toutefois, il nous semble qu'au moment de ses premières opérations, la Banque foncière devrait être libre de faire les prêts, suivant l'appréciation de ses administrateurs Car, si pour désintéresser un créancier récalcitrant, il devient nécessaire que la Banque se procure, soit de la monnaie métallique, soit des billets de la Banque de France, l'importance de l'emprunt peut exiger un peu de temps pour se les procurer.

Nous avons dit plus haut que la Banque de France et la Banque foncière ayant chacune un but distinct, pouvaient marcher côte à côte, et qu'elles devaient et pouvaient se servir mutuellement. Nous avons dit également que l'Etat ne se refuserait certainement pas à admettre, dans ses caisses, la monnaie fiduciaire de la Banque foncière, au même titre que celle de la Banque de France.

Donc si l'autorisation existe, si la confiance du public est suffisamment établie (et elle le sera bien vite parmi le public industriel), il est permis de croire que l'Etat et la Banque de France ont intérêt à se prêter à quelques échanges, s'ils deviennent nécessaires. D'ailleurs, la monnaie métallique et les billets de la Banque de France ne resteront pas longtemps improductifs ; ILS RENTRERONT DE SUITE DANS LE COURANT DE LA CIRCULATION.

Les négociants, les industriels, les petits marchands eux-mêmes, qui ont un intérêt considérable à une plus grande abondance de capitaux, seront de puissants auxiliaires pour la Banque foncière. Celle-ci trouvera toujours leurs caisses ouvertes pour échanger ses billets contre la monnaie métallique, lorsqu'il s'agira de rembourser le capital hypothéqué à des créanciers récalcitrants.

Mais, lorsque quelques créanciers auront été désintéressés par ce moyen, est-il à supposer que ceux-ci enfouiront ce numéraire dans leurs coffres pour le contempler et le retirer de la circulation? Allons donc! Ainsi que nous venons de le dire, il rentrera bien

vite dans la circulation ; et, ce sera, peut-être, la même
monnaie qui servira pour rembourser une série d'emprunts anciens. Lorsque les créanciers verront qu'il faut
désespérer d'arrêter la marche de la Banque foncière,
ils recevront sans difficulté le montant de leurs créances
en monnaie fiduciaire.

Nous ne doutons pas, pour notre part, que l'Etat ne
vienne en aide à la Banque foncière, non par des subventions dont elle n'a pas besoin, mais en échangeant
pour les premiers prêts les billets de la Banque foncière
contre espèces métalliques.

Il sera donc facile à la Banque foncière de triompher
de la répugnance des créanciers inscrits. Elle peut
compter que le capital métallique qu'elle se sera pro-
curé rentrera promptement dans la circulation générale,
et qu'elle pourra continuer ainsi une série non inter-
rompue de prêts. Car si les anciens créanciers s'obsti-
naient à cacher le numéraire, et à le laisser improductif,
ils fourniraient une preuve de plus qu'il est urgent de
multiplier les capitaux de circulation : *ils prouveraient
par là l'utilité incontestable de la* NOUVELLE MONNAIE
FIDUCIAIRE.

En présence des avantages de cette monnaie fiduciaire, est-il donc possible que l'Etat refuse de donner
son autorisation aux agriculteurs et aux propriétaires
qui prendront l'initiative d'organiser le crédit foncier et
agricole sur les bases que nous avons posées ? Il serait
puéril de s'arrêter à une idée pareille : l'Etat a trop
d'intérêt à l'accroissement de la prospérité et de la richesse des propriétaires du sol et des travailleurs des
campagnes qui forment, en définitive, la majorité de
la nation, pour laisser échapper l'occasion de les aider

à s'affranchir de la misère et de la ruine. L'Etat connaît mieux que nous les besoins de la propriété et de l'Agriculture, et, nous le reconnaissons sans embarras, c'est à l'initiative de l'Empereur que le Crédit foncier doit son existence et les subventions, à titre de prêt, de l'Etat. Le Souverain n'ignore donc pas qu'*une institution de crédit spécial pour la propriété foncière et l'Agriculture est le premier remède qu'il importe le plus de leur appliquer immédiatement.* Longtemps avant son avènement au trône, il connaissait leurs plaies profondes, et il n'a pas dépendu de sa volonté de les cicatriser. Le passé est donc garant de l'avenir, et le jour où un projet de Banque foncière, prêtant à *long terme* et *sans intérêt*, sera soumis au Gouvernement, ou mieux encore à l'Empereur lui-même, ce jour-là sera pour la propriété et l'Agriculture le point de départ d'une ère nouvelle qui les mettra désormais à l'abri des misères qui les écrasent aujourd'hui. La féodalité financière et la féodalité industrielle iront rejoindre l'ancienne féodalité territoriale. Car, Dieu n'a pas voulu donner la richesse et le bonheur possibles sur la terre à des minorités qui, tôt ou tard, abusent de leur position et aboutissent toujours, malgré elles, à l'exploitation et à l'oppression du plus grand nombre.

Et, voyez où conduit ce régime imposé par les minorités au plus grand nombre! Les propriétaires, les agriculteurs, les travailleurs des campagnes, les manufacturiers, les ouvriers de l'Industrie et le Commerce, toute cette masse innombrable est aujourd'hui sous la domination du capital. C'est triste à dire, mais c'est la vérité. Il y a plus : c'est sur ces masses que retombent tous les impôts directs et indirects. Le capital, à part l'impôt sur la consommation ne doit, pour ainsi dire, rien à l'Etat, ne participe presque pas aux charges qui pèsent si lourdement sur le plus grand nombre. C'est un privilége de plus à ajouter à ceux dont jouit le capital, qui, malgré la loi, trouve toujours le moyen de fixer le taux de l'intérêt comme il l'entend : il n'a qu'à faire le vide, comme on le dit vulgairement, et il règne en despote. — Avec notre système de Banque foncière, l'Etat peut sans danger proclamer la liberté du taux de l'intérêt comme il a proclamé la liberté des échanges. Ce jour-là, sera la mort de l'usure, et la diminution du taux de l'intérêt.

Nous sommes trop partisan de la liberté pour demander un privilége qui ne profiterait qu'à un petit nombre d'élus. Le mal qui affecte les sociétés, oblige ceux qui souffrent à recourir au remède, et c'est dans ce but que nous avons cherché et que nous avons la conviction d'avoir trouvé la clef qui doit ouvrir toute grande la porte de la prospérité qui guérira les souffrances de la propriété, de l'Agriculture et même de l'Industrie et du Commerce.

Ces milliards de monnaie fiduciaire versés dans le courant de la circulation seront la rosée bienfaisante qui facilitera la réalisation de tous les progrès, l'application des forces mécaniques aux travaux si pénibles du sol ; ils conduiront tous les coopérateurs de l'industrie agricole, propriétaires et ouvriers, à l'*association* qui doit être la base, la condition future du travail agricole, comme du travail industriel.

L'Agriculture, arrêtée aujourd'hui dans sa marche par un loyer ou intérêt du capital infiniment trop élevé et qu'on pourrait appeler usuraire par rapport à la *quo-*

tité du revenu moyen du sol, l'Agriculture, presque ruinée aujourd'hui, reprendra le rôle qui lui appartient à tant de titres, celui d'être la première de toutes les industries.

Toutes les transactions, tous les échanges auxquels donnent lieu les produits du sol, comme ceux de l'Industrie, ont pour but de procurer à chacun les produits indispensables, soit aux nécessités de la vie, soit à la satisfaction de jouissances personnelles. — Ces produits sont naturels, ou transformés par le génie et le travail de l'homme, en vue de ces nécessités ou de ces jouissances. Tous, sans exceptions, ils ont leur source dans le sol, qui, par là, est la cause première de tous les échanges et de toutes les transactions. Les produits sont *altérables* : le SOL, seul, toujours jeune, toujours fécond, toujours inaltérable, n'exige de l'homme qu'un peu de force et d'intelligence pour lui rendre au centuple, par des produits renouvelés sans cesse, les quelques soins qu'il s'est donnés.

Ne nous sera-t-il pas permis d'affirmer que si le sol est la cause première de tous les échanges, il peut également servir de *moyen d'échange par une combinaison* qu'il était donné à l'homme de trouver; comme il devait découvrir les moyens d'en obtenir des produits, et de les perfectionner.

Le SOL sera pour la Banque foncière, le gage le plus *infaillible* de sa monnaie fiduciaire. Il sera enfin le commanditaire naturel, à *titre gratuit*, de la propriété foncière, qui, à son tour, deviendra le commanditaire *logique* de l'Industrie et du Commerce. Avec tous ces attributs, le *sol* ne se présente-t-il pas comme la cause première du bien-être général, et l'humanité n'y trouve-t-elle pas la preuve toujours vivante de l'inépuisable prévoyance du Créateur?

Du reste, l'avenir prouvera si nous sommes dans la vérité ou dans l'erreur. Toutefois, s'il faut dire toute notre pensée, nous espérons, nous comptons même jouir de la consolation de voir fonctionner la Banque foncière sur la base indestructible du crédit garanti par le SOL.

En attendant, nous allons essayer de la faire fonctionner sous les yeux du lecteur.

La Banque foncière et agricole doit avoir son siége à Paris. C'est là qu'elle doit planter son drapeau et rayonner dans tous les départements au fur et à mesure que le nombre des demandes d'emprunt permettra d'établir une succursale dans chaque chef-lieu de département. Ce n'est pas sans motifs que nous proposons le siége de l'administration générale à Paris. Nous avons principalement en vue d'en *centraliser* la direction, d'en *simplifier* les rouages, et d'avoir *une monnaie fiduciaire uniforme*, condition essentielle pour le succès de la Banque et la facilité de circulation de ses billets. D'ailleurs une centralisation de cette nature n'a aucune espèce d'inconvénient, par la raison majeure que les abus vis-à-vis des besoins d'emprunt sont impossibles. Car, la Banque foncière est au service de tous ceux qui possèdent une parcelle quelconque du sol, et *qui, par ce fait seul ont le droit et la liberté*, quelqu'opinion qu'on ait sur leur moralité et leur capacité, de *mobiliser*, par l'emprunt, aux conditions imposées par les statuts une partie de leur propriété.

La concurrence de diverses Banques départementa les ayant chacune ses statuts et sa monnaie fiduciaire, aurait-elle sa raison d'utilité, lorsque la Banque foncière n'est pas un établissement de spéculation ordinaire, qu'elle prête gratuitement aux propriétaires du sol et à un très faible intérêt sur consignation de denrées, sur cheptel et sur récoltes pendantes; qu'elle a pour actionnaires les emprunteurs eux-mêmes qui en peuvent être les administateurs? La concurrence est-elle à désirer, est-elle nécessaire, lorsque la Banque foncière, *par l'économie de ressorts*, atteint les limites possibles du minimum de frais, et qu'elle est fondée au profit du plus grand nombre? Nous ne le pensons pas.

Telles sont les considérations qui nous ont fait adopter le mode de *centralisation* pour tout ce qui concerne la direction générale et la fabrication de la monnaie.

Ceci posé, rappelons que le double but de la Banque foncière et agricole est :

1° De prêter, à *tout* propriétaire du *sol*, jusqu'à concurrence de la moitié de la valeur du SOL NU, sur hypothèque, à long terme et à un taux inférieur à la quotité du revenu, même en y comprenant l'amortissement et tous les frais d'administration;

2° De prêter sur consignation de denrées, sur cheptel, et sur récoltes pendantes, lorsque la Banque aura organisé ce service tel qu'il sera possible plus tard : en attendant, elle accordera un certain crédit aux agriculteurs (propriétaires ou fermiers), au moyen des annuités destinées à l'amortissement des emprunts contractés par les propriétaires du sol et dans les conditions que nous allons indiquer.

Par quels moyens et à quelles conditions cette Banque remplira-t-elle ce programme? C'est ce que nous allons examiner.

Aussitôt que le personnel de la Banque foncière de Paris est installé, que les bureaux sont organisés, que la Banque, en un mot, est prête à fonctionner, les emprunteurs s'adressent personnellement, ou par correspondance, au directeur pour faire la demande de la somme qu'ils désirent emprunter.

Cette demande est accompagnée du titre de propriété, d'un plan parcellaire, du certificat des inscriptions hypothécaires existantes, ou à défaut, d'un certificat négatif émanant du bureau des hypothèques, du contrat de mariage, s'il y a lieu, du rôle des contributions de l'année courante, et de toutes les pièces exigées par les statuts ou de celles qui pouraient être demandées aux emprunteurs afin d'établir leur véritable situation.

Ces pièces sont remises *au comité du contentieux et du prêt* qui les examine ou les fait vérifier par un notaire pour en constater l'exactitude et la sincérité. Après la décision consignée sur un registre spécial, le comité fait procéder par un, deux ou trois experts, suivant l'importance de la propriété, *à l'évaluation de chacune des parcelles* de terrain. Les experts ne tiennent aucun compte des habitations, des fermes ou autres constructions d'utilité ou d'agrément : ils *doivent se borner à la valeur unique du sol.*

La Banque foncière, en effet, ne peut pas porter en ligne de compte la valeur d'une construction quelconque, même assurée contre l'incendie, par la raison que les constructions de toute nature sont sujettes à des dégradations et par conséquent à des dépréciations ou à des variations fréquentes de valeur. Au point de vue de la sécurité du gage de la Banque foncière, elles ne sont pas des IMMEUBLES de même nature que le SOL. La valeur des habitations, des plantations, des parcs, des agréments de toute sorte, ne doit donc pas être comprise dans l'estimation. La *qualité* et la *nature du sol* en déterminent SEULES le prix. Si les experts, par exemple, ont affaire à une vigne ou à un bois, ils ne doivent évaluer que le *sol*, sans tenir compte de la vigne et des arbres plantés. Voilà pourquoi la Banque peut sans danger prêter jusqu'à concurrence de la moitié de la valeur du sol.

Sur le rapport des experts et l'avis du comité du contentieux et du prêt, le directeur prévient l'emprunteur de l'évaluation de sa propriété et de la somme qui peut lui être prêtée. Dans le cas où l'emprunteur trouverait l'évaluation des experts trop faible, la Banque en désignera de nouveaux, qui s'adjoindront un, deux ou trois propriétaires de la commune dont fait partie la propriété, et cette nouvelle expertise, quel qu'en soit le résultat, servira de base au prêt de la Banque agricole.

Si l'emprunteur accepte l'expertise, on procède à l'acte de prêt par-devant le notaire désigné par la Banque et après la transcription de l'acte au bureau des hypothèques et l'accomplissement de toutes les formalités nécessaires, la somme arrêtée est mise à la disposition de l'emprunteur ou des créanciers hypothécaires, s'il en existe. Tous les frais d'expertise, d'acte notarié, d'inscription hypothécaire, en un mot, tous les frais résultant de l'emprunt, sont retenus ainsi que le montant de la première annuité sur la somme mise à la disposition du propriétaire ou des créanciers. Tout emprunteur, est-il besoin de le dire, peut, quand bon lui semble, se libérer envers la Banque foncière. Il ne peut pas donner moins que l'annuité ; mais il a le droit d'en augmenter l'importance. La deuxième annuité et les annuités suivantes sont payables d'avance, au commencement de chaque année. Par ce moyen, la Banque foncière est en position de commencer les opérations relatives à l'accomplissement de la deuxième partie de son programme. Mais, les prêts de cette catégorie seront naturellement limités par le montant des annuités affectées à l'amortissement.

D'après ce que nous venons de dire, il est facile de comprendre combien est simple le mode d'emprunt pour le propriétaire du sol et quels avantages il présente, au point de vue de sa réalisation, quelle qu'en soit l'importance. Il n'y a jamais pénurie d'argent à notre Banque foncière ; il n'est pas besoin de consulter l'encaisse métallique qui n'a rien à faire en tout ceci. Il suffit que l'emprunteur apporte un gage accepté par les experts et le comité du contentieux et du prêt. Car les billets de banque ne sont fabriqués, que lorsque le prêt est arrêté et sur le point de recevoir son exécution. Il y a donc toujours de l'argent en caisse pour le propriétaire du sol.

Passons au prêt sur consignation de denrées, sur cheptel, et récoltes pendantes. Occupons-nous d'abord du premier. Les procédés du prêt sur consignation de denrées sont connus. L'Industrie a pris les devants à cet égard sur l'Agriculture, comme elle l'a fait pour l'organisation du crédit, et pour les institutions dont elle a pris l'initiative à son profit. Tout le monde sait qu'il existe des entrepôts de marchandises, fondés par des capitalistes qui avancent une partie de la valeur des marchandises consignées, sous certaines conditions. Quelques-uns de ces établissements sont même organisés de façon à ce que les capitalistes eux-mêmes se chargent du placement du gage, moyennant une légère rétribution. Mais pour que des prêts faits dans ces conditions, deviennent faciles et utiles, il faut que les entrepôts ou magasins soient à la portée des emprunteurs et des acheteurs. Aussi ne trouve-t-on des établissements de cette nature que dans les grands centres, et généralement, ils ont pour objet des marchandises peu encombrantes et surtout peu sujettes à des détériorations et à des dépréciations.

Pour que la Banque foncière et agricole fût en mesure de prêter ainsi sur consignation de denrées, il lui faudrait dans chacun des chefs-lieux de département, d'arrondissement, de canton, peut-être même dans quelques communes importantes, de vastes magasins pour servir d'entrepôt aux denrées consignées. Il lui faudrait, en outre, un personnel proportionné au nombre et à l'importance des magasins d'entrepôts pour garder et donner les soins indispensables à la conservation des denrées. Mais la construction de ces magasins, au début de la Banque foncière et agricole, l'entraînerait à des dépenses considérables ; de sorte que ce procédé ne nous paraît pas pratique immédiatement. Mais nous allons indiquer les moyens d'y parvenir progressivement, tout en rendant service à l'industrie agricole, et nous en apprécierons les résultats et les conséquences.

Jusqu'à l'époque où la Banque foncière sera en position de remplir le but qu'elle se propose, de prêter, avec des garanties *matérielles*, sur consignation de denrées, et au moyen de garanties *légales* ou *réglementaires*, sur cheptel et récoltes pendantes, elle ne peut pas laisser improductifs les capitaux formant l'annuité de l'amortissement. Elle pourrait bien, en attendant, les employer à l'achat de valeurs mobilières, rapportant un minimum d'intérêt de 3 0/0. Mais ne vaudrait-il pas mieux qu'elle trouvât le moyen de les prêter aux agriculteurs (propriétaires ou fermiers)?

À cet effet, et puisqu'elle ne serait pas encore en mesure de prêter avec la sécurité d'un *gage matériel* faute d'entrepôt, pourquoi ne suivrait-elle pas vis-à-vis des agriculteurs, propriétaires ou fermiers, les procédés dont la Banque de France se sert vis-à-vis de l'Industrie et du Commerce? Pour atteindre ce résultat, il lui faut, avant tout, un capital de cautionnement représentant, comme celui de la Banque de France, le sixième de la somme disponible pour les prêts, *sans augmenter son émission.* Car, ne perdons pas de vue que pour prêter aux agriculteurs (propriétaires ou fermiers), la Banque agricole ne peut se servir que *des annuités destinées à l'amortissement des emprunts contractés par les propriétaires du sol.* IL N'Y A DONC AUCUNE NOUVELLE CRÉATION DE MONNAIE FIDUCIAIRE.

Où donc notre Banque trouvera-t-elle ce capital de cautionnement? La réponse est facile. C'est dans l'annuité elle-même de l'amortissement. Où trouvera-t-elle les sommes nécessaires pour organiser le service des prêts sur consignation de denrées? Encore dans l'annuité de l'amortissement, et dans une partie de la quotité de 1/2 0/0 affectée au paiement des frais d'administration (quotité qui dépassera de beaucoup les besoins du service), et dans la quotité de 1 0/0 de frais compris dans les 4 0/0 d'intérêt retenus sur les prêts faits aux agriculteurs (propriétaires ou fermiers). Où trouvera-t-elle enfin les sommes nécessaires à la construction des magasins d'entrepôts? Dans la partie de l'annuité de 1/2 0/0 affectée aux frais d'administration. Nous en établirons la possibilité par des chiffres irrécusables.

Ainsi donc, nous trouvons dans ces trois éléments et *sans augmenter l'émission*, les moyens d'organiser le crédit pour l'Agriculture proprement dite, pour l'industrie agricole, en dehors des combinaisons applicables aux emprunts ayant le SOL *pour gage*, et *avec les fonds d'amortissement* de ces emprunts. Ces moyens consistent à prélever sur l'annuité de 1 0/0 destinée à l'amortissement, le *sixième* de la somme perçue à cet effet, et de l'employer à l'achat de rentes sur l'Etat qui seront déposées à la Caisse des dépôts et consignations pour servir de cautionnement aux avaries du portefeuille de la *Banque agricole, section des prêts faits à l'Agriculture ;* le reste de l'annuité sera le capital destiné à l'escompte et aux prêts.

Le cautionnement dont nous venons de parler est, en effet, indispensable : car, jusqu'à l'époque où la Banque pourra faire des avances sur *consignation effective de denrées,* elle ne pourra baser ses prêts que sur la *confiance.* L'honorabilité de l'emprunteur, ses habitudes d'ordre et sa capacité seront la mesure du crédit mérité, comme elles le sont pour l'industriel et le commerçant à la Banque de France. — Mais, au lieu d'exiger trois signatures, la Banque agricole n'en demandera que deux. L'expérience prouve chaque jour, qu'avec un comité d'escompte sérieux, deux signatures suffisent pour éviter les avaries possibles de la matière escomptable.

Il faudra, de plus, que notre Banque prête à un terme plus long que celui de la Banque de France, parce que l'Agriculture ne peut pas, comme l'Industrie manufacturière, renouveler plusieurs fois les mêmes produits dans le cours d'une année. Nous pensons que les billets doivent être souscrits à trois mois avec la condition de deux renouvellements de trois mois au plus à chacune des deux premières échéances. Le comité d'escompte estimera si le prêt peut être continué. Le terme maximum de ces prêts sera ainsi porté à neuf mois. Nous croyons devoir limiter à trois mois au plus, l'échéance de chaque billet, par la raison que la situation des emprunteurs peut changer, et qu'il faut laisser au comité d'escompte le soin de s'assurer si le prêt peut être renouvelé. Les lois actuelles nous paraissent suffisantes, quant aux moyens de rigueur, en cas de poursuites nécessaires : mais il serait mieux, à notre avis, que le Corps-Législatif assimilât les engagements de l'Industrie agricole à ceux de l'Industrie manufacturière et du Commerce. Ce mode nous paraîtrait plus rationnel et plus simple dans les nouvelles conditions faites au crédit agricole.

Tel nous semble devoir être, provisoirement, le système le plus simple et le plus praticable pour prêter utilement à l'Agriculture. Donc la Banque prélève sur chacune des annuités qu'elle reçoit pour l'amortissement un sixième de la somme qu'elle place en rentes sur l'Etat pour servir de cautionnement aux avaries du portefeuille. Nous disons le sixième, parce que nous prenons pour base la loi de 1849 qui autorisait la Banque à émettre 525 millions de monnaie fiduciaire avec un capital de cautionnement de 91,250,000 fr. Le reste

de l'annuité sert à escompter au taux de 4 0/0 les valeurs à deux signatures des agriculteurs (propriétaires
ou fermiers). — Ces 4 0/0 sont employés comme suit :
3 0/0 forment l'intérêt proprement dit et se capitalisent,
ainsi que les arrérages du cautionnement; la quotité
de 1 0/0 restant, sert à payer les frais d'administration.

Tâchons de faire comprendre par des chiffres comment nous arriverons au but définitif, celui de prêter
sur consignation de denrées.

Supposons que la Banque agricole ne soit autorisée,
par mesure de prudence (inutile à notre avis), à ne
prêter jusqu'à nouvel ordre, que deux milliards par an,
pendant cinq ans, chiffre bien modeste assurément, si
on le compare à la dette actuelle hypothéquée sur *la
propriété rurale*, qu'arrivera-t-il ?

En prêtant, ou pour mieux dire, en mobilisant une
partie de la valeur du *sol* pour une somme de 10 milliards pendant cinq années, la Banque reçoit, chaque
année et d'avance, l'annuité 1 1/2 p. 0/0 sur le montant
de chaque emprunt. Si donc, dans le courant de la
première année, elle prête deux milliards , ce qui ne
nous paraît pas douteux, elle reçoit la première annuité qui s'élève à 30 millions, dont 20 millions destinés
à l'amortissement, et 10 millions, pour frais d'administration.

Les 20 millions de l'amortissement forment donc la
somme disponible pour prêter à l'Agriculture contre
valeurs à deux signatures. Mais, il faut en déduire le
sixième, soit 3,300,000 fr. pour le capital de cautionnement, employé en achat de rentes sur l'Etat, et devant servir d'assurance contre les avaries du portefeuille. Il reste donc pour le service des prêts, dans

le courant de la première année, la somme de 16,700,000 fr., somme fort minime relativement aux besoins probables de l'industrie agricole ; mais on va voir bientôt quel accroissement prend, chaque année, la somme des annuités, et combien elle peut être augmentée encore au moyen d'une partie considérable de la somme de 10,000,000 comprise dans chaque annuité pour les frais d'administration. Car, il n'est douteux pour personne que si, pendant la première et la seconde année, ces frais doivent être importants à cause de l'installation, ils se réduiront plus tard à une somme relativement insignifiante. C'est du reste, ce que nous allons démontrer, au moyen du tableau suivant.

Nous ferons remarquer que la somme *des annuités destinées aux prêts pour l'Agriculture* (colonne 3), ajoutée à celle *du cautionnement pour la garantie* (colonne 4), forme toujours le montant de 1 p. 0/0, destiné chaque année à l'amortissement. Les annuités pour frais d'administration (prêts à l'Agriculture, colonne 6), sont pris sur l'annuité, déduction faite du cautionnement. Ces frais représentent 1 p. 0/0, prélevé sur les 4 p. 0/0 d'intérêt exigés pour les prêts à l'industrie agricole.

DÉSIGNATION DES ANNÉES et des annuités.	DÉTAIL des annuités déduction faite du cautionnem^t	ANNUITÉS destinées aux prêts pour l'Agriculture	CAUTIONNEMENT pour la garantie.	ANNUITÉS pour frais d'administr^n Prêts aux propr^s du sol	ANNUITÉS pour frais d'administr^n Prêts à l'agriculture
1re ANNÉE.		16,700,000	3,300,000	10,000,000	167,000
2e ANNÉE.					
Fin de la 1re année.	16,700,000				
2e annuité. 1er emprunt	16,700,000	50,100,000	9,900,000	20,000,000	501,000
2e emprunt.	16,700,000				
3e ANNÉE.					
Fin de la 2e année.	50,100,000				
3e annuité du 1er emprunt	16,700,000				
2e annuité du 2e emprunt	16,700,000	100,200,000	19,800,000	30,000,000	1,002,000
3e emprunt.	16,700,000				
4e ANNÉE.					
Fin de la 3e année.	100,200,000				
4e annuité du 1er emprunt	16,700,000				
3e » du 2e »	16,700,000	167,000,000	33,000,000	40,000,000	1,670,000
2e » du 3e »	16,700,000				
4e emprunt.	16,700,000				
5e ANNÉE.					
Fin de la 4e année.	167,000,000				
5e annuité du 1er emprunt	16,700,000				
4e » du 2e »	16,700,000				
3e » du 3e »	16,700,000	250,500,000	49,500,000	50,000,000	2,505,000
2e » du 4e »	16,700,000				
5e emprunt	16,700,000				

En admettant que les propriétaires ne viennent plus emprunter à partir de la 6e année, ou que l'Etat suspende son autorisation en la limitant à 10 milliards, la Banque ne continuerait pas moins à augmenter ses ressources pour le prêt aux agriculteurs. Suivons nos calculs pour la 6e et la 7e années, et on aura la conviction que la somme grandirait jusqu'à la dernière annuité, c'est-à-dire jusqu'au moment où la Banque liquiderait une période d'emprunt.

	DÉTAIL des annuités déduction faite du cautionnem^t	ANNUITÉS destinées aux prêts pour l'Agriculture	CAUTIONNEMENT pour la garantie.	ANNUITÉS pour frais d'administr^n Prêts aux propr^s du sol	ANNUITÉS pour frais d'administr^n Prêts à l'agriculture
6e ANNÉE					
Fin de la 5e année.	250,500,000				
6e annuité du 1er emprunt	16,700,000				
5e » du 2e »	16,700,000				
4e » du 3e »	16,700,000	334,000,000	66,000,000	50,000,000	3,340,000
3e » du 4e »	16,700,000				
2e » du 5e »	16,700,000				
7e ANNÉE.					
Fin de la 6e année.	334,000,000				
7e annuité du 1er emprunt	16,700,000				
6e » du 2e »	16,700,000				
5e » du 3e »	16,700,000				
4e » du 4e »	16,700,000	434,200,000	85,800,000	60,000,000	4,342,000
3e » du 5e »	16,700,000				
2e » du 6e »	16,700,000				

Le tout indépendamment des intérêts capitalisés.

Dès la seconde année quelles sont nos ressources? d'une part, ainsi que l'indique le tableau, nous avons la première annuité déjà placée ou en cours de placement, ci 16,700,000

Plus la deuxième annuité du premier emprunt, ci 16,700,000

Plus la première annuité du deuxième emprunt, ci 16,700,000

Formant ensemble, fr. . . 50,100,000

Cette somme est disponible pendant le cours de la deuxième année, puisque la Banque fait payer les annuités d'avance. On peut voir sur le tableau les sommes qui, chaque année, doivent être appliquées à des prêts en faveur de l'industrie agricole. Signalons et examinons le résultat de la cinquième année. Nous sommes, à ce moment, en possession d'une somme de 250,500,000 fr., appuyée sur des billets revêtus de deux signatures passées au crible du comité d'escompte, et sur un cautionnement de 49,500,000 fr., en rentes sur l'Etat, déposé à la caisse des dépôts et consignations.

En continuant nos calculs, nous trouvons pour la sixième année (en supposant que la Banque ne soit plus autorisée à continuer la création de la monnaie fiduciaire au moyen de la mobilisation d'une partie du sol), nous trouvons, disons-nous, que la somme disponible pour prêts à l'Agriculture est de 334,000,000, fr. que celle de la septième année est de 434,200,000 fr. et ainsi de suite, suivant une progression dont il est facile de voir l'importance. Le cautionnement dès la sixième année est de 66,000,000, et de 85,800,000 fr.

la septième. Il est bon de remarquer que toutes ces sommes sont *indépendantes des intérêts cumulés annuellement à raison de 3 p. 0/0 sur les sommes prêtées à l'industrie agricole, et des arrérages également cumulés des rentes servant de cautionnement*, lesquels viennent naturellement augmenter chaque année les sommes destinées aux prêts sur billets à deux signatures.

Ce n'est pas tout : on se rappelle que chaque annuité comprend une quotité de 1/2 p. 0/0 pour frais d'administration et réserve. Or, cette somme n'est pas moindre de 10 millions sur chaque annuité et pour chaque emprunt de 2 milliards, de façon que, chaque année, ces 10,000,000 suivent une progression arithmétique croissante, figurée par la série naturelle des nombres 1, 2, 3, 4, 5, 6, etc.....

Nous avons donc la 1re année 10 millions.

<pre>
        la 2e —   20   —
        la 3e —   30   —
        la 4e —   40   —
        la 5e —   50   —
</pre>

de recettes pour la quotité de 1/2 p. 0/0 affectée aux frais d'administration. — En supposant, ainsi que nous l'avons fait pour les calculs qui précèdent, que la Banque ne soit plus autorisée à continuer les prêts sur le sol, elle n'en reçoit pas moins cinq annuités dont la quotité de 1/2 p. 0/0 est encore 50 millions. La recette reprend à partir de ce moment la progression indiquée ci-dessus, c'est-à-dire, que la Banque reçoit

<pre>
        pour la 7e année 60 millions.
          — la 8e —   70   —
          — la 9e —   80   —
          — la 10e —.   90   — etc., etc.,
</pre>

jusqu'au paiement de la dernière annuité de l'emprunt de chacune des cinq premières années.

Avec de semblables ressources n'y a-t-il pas possibilité d'appliquer la somme qui restera après le prélèvement des frais d'administration, partie à la construction des magasins d'entrepôt qui seront le placement d'un capital de réserve, partie aux prêts à l'industrie agricole? N'avions-nous pas raison de dire que les frais d'administration formeraient une somme insignifiante relativement aux recettes résultant de la quotité de 1/2 p. 0/0 indiquée pour les frais et la réserve? Est-il enfin besoin d'ajouter que la Banque commencera la construction des entrepôts sur les points où elle en reconnaîtra la nécessité immédiate, et qu'elle les complètera au fur et à mesure que ses ressources le lui permettront? C'est une question de temps, il est facile de s'en convaincre.

Nous devons, enfin, faire remarquer que sur les 4 p. 0/0 demandés pour les prêts à l'industrie agricole, 3 p. 0/0 sont cumulés avec le capital d'amortissement et la quotité de 1 p. 0/0 est applicable aux frais d'administration. Ces frais seront plus que suffisants, puisque, pour la première année, nous n'avons que 16,700,000 fr. affectés aux prêts, et qu'il y aura 167,000 fr. perçus pour les frais. Si on suit la progression des annuités disponibles pour les prêts, on trouve que le chiffre s'en élève, à la septième année, à la somme de 434,200,000 fr. et les frais d'administration ne s'élèveront certainement pas à celle de 4,342,000 fr. représentant la somme prélevée pour ces frais.

On le voit, il sera possible, dans un très petit nombre d'années, de prêter sur consignation de denrées, par conséquent de faire des avances aux agriculteurs qui ayant besoin d'argent, jugeront nécessaire d'attendre quelques mois pour obtenir un meilleur prix de leurs produits. Dans ces conditions la Banque n'aura plus à exiger les deux signatures qu'il répugne toujours de se procurer, même quand il n'y a aucune difficulté pour le propriétaire, ou le fermier à obtenir la signature d'un ami. Au reste, nous avons bien prévu que cette difficulté pourrait être un obstacle au développement du crédit si utile à l'Agriculture. Mais nous pensons que la Banque n'aura affaire qu'à des agriculteurs, propriétaires ou fermiers qui auront besoin de crédit; et comme, après tout, un service en vaut un autre, nous comptons que ces emprunteurs s'entendront entr'eux pour présenter à la Banque les deux signatures exigées pour les premiers prêts. D'ailleurs la Banque sera bien vite en mesure de se passer de cette double garantie morale. Car, en définitive, son but est de remplir convenablement et au profit de tout ce qui touche au sol et à l'Agriculture, le large programme qu'elle s'est tracé. Les ressources, ainsi qu'on l'a vu dans le tableau, ne lui manqueront pas dès la seconde ou la troisième année; lorsque la Banque foncière aura construit les magasins, les fonds du cautionnement, déposés à la caisse des dépôts et consignations, viendront naturellement augmenter le capital des prêts à l'industrie agricole.

Nous n'avons pas besoin d'ajouter que la Banque percevra un droit de magasinage et que les bénéfices qui en résulteront viendront s'ajouter au capital d'amortissement. Quant aux frais de conservation et d'entretien des denrées, ils resteraient à la charge de l'emprunteur.

Si on nous demande à qui appartiendront les réserves de la Banque employées à l'achat des terrains et à la construction des entrepôts, nous répondrons qu'ils resteront la propriété inaliénable de la Banque. Ce n'est que dans le cas d'une liquidation normale ou forcée qu'elle pourra en réaliser la valeur qui naturellement serait employée au remboursement d'une partie de la monnaie fiduciaire. En attendant, ils seront un gage ajouté à la valeur du gage représenté par le sol, et la partie de l'annuité destinée à l'amortissement.

Il nous reste à dire quelques mots des conséquences probables de l'établissement des magasins destinés à recevoir les denrées qui serviront de gage aux prêts faits à l'Agriculture. Il est certain que le premier résultat de ce procédé d'emprunt sera d'éviter l'encombrement des denrées sur les marchés et par suite la dépréciation des prix ; d'un autre côté, la possibilité d'ajourner une vente, trop souvent forcée, maintiendra les cours, sans que pour cela, le propriétaire puisse imposer ses prix à l'acheteur. Certes, nous n'avons pas la prétention de croire qu'on arrivera, par ce moyen, à la régularisation absolue des prix, mais, on conviendra que l'ajournement possible de la vente d'une trop grande masse de denrées de même nature, ne peut produire que des résultats favorables aux producteurs, qui éviteront des dépréciations brusques et ruineuses, en même temps que les consommateurs paieront des prix moyens plus réguliers. L'agence des entrepôts pourra se charger, d'accord avec les propriétaires, d'opérer la vente des denrées consignées sans frais de commission ou de courtage. Nous n'insistons pas sur les conséquences que tout le monde peut certainement entrevoir.

14

Pour ce qui concerne les prêts sur cheptel et sur récoltes pendantes, il faudrait que la Banque agricole pour opérer ces prêts avec toute la sécurité possible, pût obtenir un privilége sur la valeur du cheptel et sur celle des récoltes pendantes. Il faudrait encore que les bestiaux fussent assurés contre les épizooties et les récoltes pendantes contre la grêle. On peut nous objecter que ce sont de nouveaux frais à ajouter aux prix de revient, nous ne le nions pas ; mais, nous ferons observer que ces frais d'assurance seraient d'autant moins importants que les assurés seraient plus nombreux. C'est surtout dans les questions d'assurance que la MUTUALITÉ, appliquée sur une grande échelle, réduit à une somme insignifiante les frais d'administration. Ce système écarte toute idée de spéculation qui est la base de toutes les compagnies, puisqu'en fin de compte le but de celles-ci est le DIVIDENDE. D'ailleurs, en empruntant à 4 p. 0/0 l'an, les agriculteurs, propriétaires ou fermiers, ne trouveront-ils pas, au moyen de la différence entre ce taux, et le taux actuel, la possibilité de payer ces assurances ? Il ne resterait donc plus, pour opérer les prêts sur cheptel et sur récoltes pendantes, que la question du privilége à établir légalement en faveur de la Banque foncière et agricole.

Nous ignorons absolument si les lois actuelles peuvent octroyer économiquement et *convenablement* un privilége aux prêteurs. Nous avons bien entendu parler de *saisie-arrêt*, de *saisie-brandon*, de *saisie-gagerie*, etc., etc., contre des débiteurs récalcitrants ou malheureux. Il ne nous en coûte pas de convenir que nous sommes absolument étranger aux questions de droit. Mais, il nous répugnerait, dans tous les cas, lorsqu'il s'agit de

demander des garanties pour un prêt, d'avoir recours
à une condition et à un moyen qui s'expriment par cet
affreux mot de *saisie*, qu'on ne peut véritablement employer que contre des gens de mauvaise foi ou des
débiteurs malheureux. Si donc, la loi actuelle ne donne
pas les moyens d'obtenir *honorablement* ce privilége, la
Banque prêtera contre des valeurs à deux signatures,
jusqu'à ce qu'elle puisse réaliser cette sorte de prêts
avec toutes les garanties qu'elle est en droit d'exiger
de l'emprunteur. Ce serait une loi préventive et con-
servatoire et non une loi répressive qu'il serait bon de
promulguer à cet effet. Mais il nous semble inutile d'en
faire une condition pour l'établissement de notre Banque, puisque, momentanément, nous pouvons nous en
passer. La loi finit toujours par se mettre en accord
avec les besoins et les intérêts généraux.

Et maintenant, lecteur, croyez que nous n'avons
pas la pensée d'avoir tout dit sur le sujet que nous
avons traité. Nous comprenons toute l'imperfection de
cette œuvre, qui aurait pu être écrite en dix pages. Mais
en la commençant, nous nous sommes souvenu que
des hommes d'un mérite supérieur, avec qui nous avons
eu l'occasion de causer depuis dix ans de notre projet,
étaient complétement étrangers aux questions de crédit.
Il nous a paru nécessaire de développer nos arguments
et nes démonstrations, de les répéter souvent et de les
présenter sous divers aspects. Aussi, nous n'ignorons
pas les défauts de notre œuvre souvent diffuse et in-
cohérente. Nous avons cherché, avant tout, à être clair
et à porter la conviction dans les esprits les plus rebelles et non à poser en littérateur, en savant ou en philosophe ; ce qui, du reste, nous eût été impossible.

Nous avons écrit tout ce que nous savons en fait d'organisation de crédit industriel, foncier et agricole.

Notre bagage n'est pas lourd, direz-vous peut-être ! Mais ce n'est pas un monument que nous mettons sous vos yeux, c'est une modeste pierre brute qui, taillée par de plus habiles que nous, pourra concourir à l'organisation du Crédit foncier et agricole.

Si nous n'avions pas eu la conviction profonde que cette pierre pourrait n'être pas inutile, nous nous serions bien gardé de jeter notre nom dans la lice de la publicité. Nous terminons donc, lecteur, en vous répétant ce que nous avons dit dans la première page de cet opuscule :

Si l'auteur a réussi, par ce système de crédit, à ouvrir à la propriété foncière et à l'Agriculture la véritable voie de la prospérité, il se trouvera largement récompensé de les voir sortir enfin de la situation déplorable où elles se trouvent plongées.

Si, au contraire, il s'est bercé d'un rêve, il trouvera l'excuse de sa témérité dans sa bonne foi et dans ses intentions.

ESQUISSE DES STATUTS

DE LA BANQUE FONCIÈRE ET AGRICOLE.

La Banque foncière et agricole n'a pas besoin de faire appel à des capitalistes. Elle peut et doit être organisée par les propriétaires *besogneux* eux-mêmes. C'est à ceux-ci, surtout, qu'il convient de prendre l'initiative de la demande d'autorisation et de présentation des Statuts, avant d'être poussés dans leurs derniers retranchements.

Nous ne nous dissimulons pas que lors même que notre système de Crédit foncier et agricole serait favorablement accueilli par la plupart des propriétaires, ceux-ci trouveront, sur le chemin de la mise en pratique, l'obstacle de l'acceptation de notre monnaie fiduciaire par le public, et surtout la résistance des capitalistes froissés dans leurs intérêts.

Seul, nous ne pouvons rien contre ces difficultés. Mais le jour où les propriétaires, partageant nos convictions, auront fait vis-à-vis du public des efforts incessants pour faire comprendre et faire apprécier la valeur et la sécurité de la nouvelle monnaie fiduciaire, ce jour-là, l'Etat ne leur refusera pas une autorisation qu'il a le plus grand intérêt à leur accorder. Il dépend d'eux de hâter la prompte réalisation de la Banque foncière et agricole.

Si cet établissement de crédit peut se passer des capitalistes pour fonctionner, il sera nécessaire que les organisateurs possèdent ou se procurent un capital, peu important il est vrai, afin de louer les bureaux de la Banque, de payer les premiers frais d'installation, et d'assurer le paiement de quelques mois des appointements du personnel. Nous croyons qu'une somme de deux à trois cent mille francs serait plus que suffisante. Mais comment serait-il possible à des propriétaires besogneux de se la procurer ?

Trois moyens se présentent naturellement à l'esprit :

1° L'emprunt à des capitalistes ;

2° L'emprunt à l'Etat ;

3° Le cautionnement demandé à certains employés de la Banque foncière et agricole.

Nous n'avons pas à nous prononcer sur l'un de ces trois moyens également praticables. Nous ferons observer seulement que cet emprunt serait remboursé dans le courant de la première année de la fondation de la Banque foncière.

Nous avons pensé qu'il était utile de mettre sous les yeux du lecteur une Esquisse des Statuts, Esquisse qui indiquera d'une manière succincte le mode de fonctionnement de la Banque foncière et agricole. Nous avons dû laisser de côté quelques points essentiels, que notre incompétence en matière de droit nous imposait l'obligation de négliger. Mais le lecteur voudra bien prendre en considération que nous lui présentons une Esquisse des Statuts et non des Statuts définitifs. — Notre rôle se borne à planter les jalons principaux qu'on va lire.

Siége de la Banque foncière et agricole.

La Banque foncière et agricole aura son siége central à Paris. Elle établira des succursales dans chacun des chefs-lieux de département, dès qu'elle reconnaîtra que les demandes d'emprunt pourront suffire à couvrir les frais de la succursale départementale.

Les succursales seront en correspondance directe avec la Banque centrale. Elles enverront à celle-ci, tous les dix jours, un état de situation des deux sections dont il sera parlé plus loin.

La Banque centrale veillera à la stricte exécution des Statuts et des réglements administratifs. Outre les états de situation qu'elle publiera dans le *Moniteur* tous les dix jours, elle rendra compte, tous les ans, de toutes les opérations de l'année écoulée, en présence d'une assemblée composée d'un certain nombre d'administrateurs des succursales. Le public sera admis à ces assemblées.

Personnel.

Cette partie des Statuts pourra être étudiée en temps et lieu, de façon à assurer le meilleur fonctionnement, au point de vue de l'ordre et de la régularité de toutes les opérations de la Banque. Les comités nécessaires, leurs attributions, l'organisation complète de l'administration, ne présentant aucune difficulté, nous ne nous y arrêtons pas.

But.

La Banque foncière et agricole a pour but :

1° De prêter à tout propriétaire du SOL, sur hypothèque, jusqu'à concurrence de la moitié au plus de la valeur du SOL NU.

2° De prêter aux agriculteurs (propriétaires ou fermiers) sur consignation de denrées, sur cheptel, et sur récoltes pendantes.

La Banque foncière et agricole ne prêtera absolument que sur le sol des propriétés rurales ; elle s'interdit toute espèce de prêt sur la valeur du sol des propriétés urbaines.

Moyens.

Les billets de circulation de la Banque foncière seront fabriqués, au fur et à mesure des emprunts (et seulement pour la somme empruntée), en présence d'un certain nombre d'administrateurs, et avec toutes les précautions possibles contre la falsification.

Ils seront détachés d'un registre à souche portant le duplicata de chaque billet et les numéros des séries, de façon à ce que, lors de la démonétisation d'une certaine quantité de billets, il soit possible également d'annuler le duplicata resté au registre à souche.

Les planches, les objets destinés à la fabrication, et les registres à souche seront enfermés dans un magasin

à l'abri de l'incendie et fermé par quatre serrures diffé-
rentes, qui ne pourront être ouvertes que par quatre
administrateurs ayant chacun l'une des clefs du magasin.

Il y aura deux caissiers pour chaque caisse. Les
caisses seront à double serrure et ne pourront être
ouvertes que par les deux caissiers qui devront tenir
chacun un registre des sommes reçues ou payées. Les
registres et les caisses pourront être chaque jour con-
trôlés. Mais ils le seront au moins tous les deux jours.

Les prêts de la Banque foncière et agricole sont effectués au moyen d'une nouvelle monnaie fiduciaire ou
billets de banque, fabriquée au fur et à mesure des
emprunts, reposant par première hypothèque sur la
valeur du SOL NU, c'est-à-dire, sans y comprendre les
habitations, fermes, bâtiments d'exploitation, ni les
plantations quelconques d'utilité ou d'agrément. Il n'est
tenu compte, en un mot, dans l'évaluation de la propriété foncière, que de la valeur du SOL NU.

L'émission de cette monnaie fiduciaire ne pourra
jamais dépasser le montant des emprunts contractés,
lors même que ceux-ci n'atteindraient pas la moitié de
la valeur du sol. (Conséquemment, le *capital de garantie*,
ou pour mieux dire le GAGE DE CETTE NOUVELLE
MONNAIE FIDUCIAIRE, sera constamment d'une valeur
au moins double de celle de l'émission.)

Les prêts sur consignation de denrées, sur cheptel et
sur récoltes pendantes, seront effectués au moyen des
fonds destinés à *l'amortissement* des sommes empruntées sur hypothèque par les propriétaires du sol.

Il ne pourra être créé aucune augmentation de monnaie fiduciaire pour ce service spécial, qui sera limité

par la somme des fonds annuellement versés pour amortir les emprunts des propriétaires du sol, à laquelle somme seront ajoutés les intérêts capitalisés.

(De la sorte, ces fonds destinés à l'amortissement augmentent, chaque année, la solidité de là nouvelle monnaie fiduciaire, indépendamment de la valeur du SOL NU qui représente *toujours* au moins le double de la somme de l'émission.

Par conséquent, *à la fin de chaque période d'emprunt, c'est-à-dire, au moment où, par l'accumulation de l'amortissement et des intérêts capitalisés, la Banque va retirer de la circulation une somme de billets égale à celle des emprunts de cette période, ces billets ont pour gage une valeur au moins* TRIPLE *de celle de la somme primitivement empruntée*).

Les billets de la Banque foncière et agricole, reposant sur un GAGE INFAILLIBLE et INALTÉRABLE, qui, *chaque année, est augmenté par les fonds destinés à l'amortissement, et par une réserve dont il sera parlé plus loin, ne sont pas* ÉCHANGEABLES CONTRE ESPÈCES.

La Banque foncière fabriquera, suivant des proportions qui seront déterminées par les besoins du service, et de l'échange des billets de forte valeur contre les petites coupures, des billets de 5 fr., 10 fr., 20 fr., 50 fr., 100 fr., 200 fr., 500 fr. et 1000 fr.

La Banque foncière n'ayant pas besoin d'espèces métalliques autres que les petites monnaies d'appoint, échangera, toutes les fois qu'elle aura du numéraire dans ses caisses, non-seulement ses billets, mais ceux de la Banque de France elle-même. Cette condition est purement subordonnée à l'existence du numéraire dans ses caisses.

Cet échange ne pourra être opéré que par les caisses de la Banque, *section des prêts à l'Agriculture.*

Conditions des prêts.

SECTION DES PRÊTS AUX PROPRIÉTAIRES DU SOL.

Toute demande de prêt sur une propriété rurale est adressée au directeur de la Banque foncière.

Elle doit être accompagnée :

1° Du titre de propriété ;

2° D'un plan parcellaire de la propriété avec la contenance cadastrale de chaque parcelle ;

3° Du certificat des inscriptions hypothécaires existantes, ou d'un certificat négatif ;

4° Du contrat de mariage, s'il y a lieu ;

5° Du rôle des impositions de l'année courante ;

6° Et de toutes les pièces qui pourront être demandées par le comité des prêts, en vue d'établir la véritable position de l'emprunteur.

Le comité des prêts réuni au comité du contentieux, examine les pièces remises, en constate l'authenticité et l'exactitude, et décide s'il y a lieu d'accorder le prêt.

Si la décision est affirmative, il est procédé par un, deux ou trois experts suivant l'importance de la propriété, à l'estimation de la valeur du sol. Ces experts sont désignés par la Banque.

L'estimation est faite sans tenir compte d'aucune espèce de constructions, telles que maisons d'habitation, fermes, hangars, ni de plantations, telles que bois, arbres fruitiers, vignes, parcs, etc., etc. Les experts estiment exclusivement la valeur du SOL NU, suivant sa nature.

Dans le cas où le propriétaire emprunteur n'accepterait pas l'estimation des experts, la Banque adjoindra à ceux-ci un, deux ou trois propriétaires de la commune de laquelle fait partie le sol à estimer : l'estimation ainsi faite sera définitive et servira de base pour déterminer l'importance du prêt.

Dans aucun cas, le prêt ne pourra dépasser la moitié de la somme de l'estimation.

S'il existe des créanciers hypothécaires, ceux-ci seront remboursés suivant l'ordre de leur inscription.

Tout propriétaire emprunteur a le droit de prendre par à-comptes, à sa convenance, le montant de la somme empruntée.

(Il peut, par exemple, emprunter 6,000 fr., à recevoir en six ans à raison de 1,000 fr. chaque année et grever sa propriété d'une hypothèque immédiate de 6,000 fr., afin d'éviter, chaque année, les frais d'actes notariés, de nouvelles expertises, etc., etc.)

L'annuité n'est retenue par la Banque foncière qu'au fur et à mesure des prêts partiels.

Tous les à-comptes de prêts payés par la Banque dans le cours d'un exercice, commençant le 1er janvier et finissant le 31 décembre, rendent exigible, au 1er janvier suivant, la totalité des annuités partielles formant la seconde annuité.

L'annuité est payable d'avance ; elle est exigible le 1er janvier de chaque année.

Toute annuité qui n'est pas acquittée au plus tard le 2 janvier, sera augmentée de l'intérêt à raison de 4 0/0 l'an jusqu'au jour du paiement.

(Ici doivent trouver place les articles relatifs aux poursuites à exercer contre les débiteurs en retard. Les Statuts de la Société du Crédit foncier peuvent, à cet égard, fournir des indications utiles à consulter.)

Il sera retenu avant tout paiement à l'emprunteur :

1º Le montant des frais d'expertise, des actes notariés, inscriptions hypothécaires et de tous les frais relatifs à l'emprunt.

2º Le montant de la première annuité fixée, ainsi que les suivantes à 1 1/2 0/0 par an sur la somme empruntée.

La période nécessaire, à la rigueur, pour l'amortissement du capital emprunté est de 47 ans, si on place chaque année un pour cent de ce capital à raison de 3 0/0 l'an à intérêt composé.

La Banque foncière fixe le maximum de chaque période à 60 ans, sous la réserve expresse que la liquidation des emprunts d'une même période sera effectuée aussitôt que les emprunteurs seront parvenus à pouvoir éteindre leurs emprunts par les fonds destinés à l'amortissement et les intérêts capitalisés.

Tout propriétaire emprunteur peut, à sa volonté, se libérer de sa dette, il peut augmenter l'annuité, mais il ne peut jamais en diminuer l'importance.

Les renouvellements d'inscription hypothécaire sont faits à la diligence et par les soins de la Banque aux frais de l'emprunteur.

La Banque n'aura pas de notaire spécial, elle s'adressera autant que possible au notaire le plus voisin de la propriété qui fera l'objet d'un emprunt.

Emploi de l'annuité.

L'annuité perçue chaque année est de 1 1/2 0/0 du capital emprunté. Sur cette quotité un pour cent est affecté à l'amortissement, et le demi pour cent restant est destiné à couvrir tous les frais d'administration, à la réserve de la Banque foncière ou à la construction des magasins destinés à recevoir les denrées consignées.

Les fonds destinés à l'amortissement sont versés, au fur et à mesure des rentrées, à la caisse de la Banque foncière, SECTION DES PRÊTS A L'AGRICULTURE.

(Il est bon de faire observer que la réserve, même placée sur les terrains et les constructions de magasins, vient augmenter la solidité des billets de la Banque foncière, *déjà couverts par la valeur du sol au moins double de celle de l'émission et par les fonds de l'amortissement qui d'année en année leur apportent un supplément de garantie.*)

Les terrains et les magasins construits sont inaliénables, et restent attachés au fonctionnement de la Banque foncière. Ils ne pourront être vendus que dans le cas où la Banque cesserait ses opérations, et rentreront dans *l'actif* des derniers emprunteurs.

Section des prêts à l'Agriculture.

La Banque foncière, section des prêts à l'Industrie

agricole, affectera à ce service les fonds versés par les emprunteurs sur le *sol* pour *l'amortissement*, soit un pour cent chaque année, des sommes empruntées ; cette limite ne sera en aucun cas dépassée.

La Banque foncière prêtera sur consignation de denrées, telles que céréales, grains divers, vins, graines fourragères, bois de construction, bois de chauffage, etc., etc., en un mot sur toutes les denrées agricoles susceptibles d'une certaine conservation.

La quotité des prêts sera proportionnelle à la nature des denrées : mais elle ne pourra, en aucun cas, dépasser la moitié de la valeur des denrées consignées.

Il sera établi un tableau des denrées admissibles dans les magasins, lequel indiquera la quotité que la Banque avancera, à titre de prêt, sur chacune des denrées acceptées comme *gage*.

Le terme des prêts sera de trois mois, avec *possibilité* de renouvellement pour trois mois au plus d'abord, et à l'expiration de ce dernier terme encore pour trois mois au plus, de manière à ce que la limite extrême de chaque prêt ne dépasse jamais neuf mois.

A chacune des échéances dont il vient d'être parlé, le comité des prêts décidera si la Banque doit renouveler le prêt pour trois mois ou pour un terme moindre. Ce comité sera seul juge de l'opportunité et du terme.

Tout emprunteur qui désirera renouveler l'emprunt pour un temps quelconque au-delà des trois premiers mois, en fera la demande écrite au directeur, au moins dix jours avant l'échéance.

Il ne sera admis dans les magasins que des denrées en bon état, et dont tout emprunteur devra préalablement déposer un échantillon ; les denrées seront éva-

luées d'après le cours des dix derniers jours précédant
la demande d'emprunt.

Si le comité des prêts, après examen, juge les denrées admissibles, l'emprunteur est prévenu qu'il peut
apporter ses denrées, et si elles sont conformes à
l'échantillon, la Banque fait l'avance convenue contre
l'engagement de l'emprunteur de payer dans trois mois
ou moins de trois mois, la somme avancée.

Le taux de l'intérêt de ces prêts est fixé à 4 0/0
l'an, payable d'avance, dont 3 0/0 seront capitalisés
avec les fonds d'amortissement servant aux prêts à
l'Industrie agricole, et 1 0/0 sera affecté aux frais
d'administration.

Dans le cas où la quotité de 1 0/0 dépasserait le
chiffre des frais d'administration de cette section, le
surplus servira à la réserve ou à la construction des
magasins.

Les frais d'entretien et de conservation des denrées
sont à la charge des emprunteurs, suivant le tarif qui
sera ultérieurement fixé.

La Banque se chargera gratuitement de la vente de
tout ou partie des denrées consignées. A cet effet, elle
tiendra à la disposition des acheteurs, un tableau indiquant la nature des denrées à vendre, et les prix fixés
par le propriétaire.

Dans le cas où un emprunteur ne paierait pas à
l'échéance son engagement, la Banque fera procéder
d'office, dans les dix jours qui suivront l'échéance, à la
vente aux enchères des denrées consignées. Elle retien-
dra le montant du prêt avec l'intérêt de retard et les
frais exposés, les droits de magasinage, etc., etc., elle
remettra la différence à l'emprunteur.

Si les demandes de prêts n'atteignent pas la somme
des fonds versés pour l'amortissement, la Banque placera les sommes disponibles en rentes sur l'Etat, ou en
valeurs mobilières rapportant au moins 3 0/0 et offrant
des garanties suffisantes de solidité.

(Quant aux prêts sur cheptel et sur récoltes pendantes, nous reconnaissons notre complète incompétence,
au point de vue des moyens que la loi peut fournir,
pour garantir les prêts de cette nature. Nous laissons
donc cette partie des Statuts à des hommes plus versés
que nous en ces matières.)

Comme la Banque ne sera pas immédiatement en
mesure (par les raisons développées dans le cours de
notre livre) de prêter sur consignation de denrées, sur
cheptel et sur récoltes pendantes, elle pourra, avec l'autorisation de l'Etat, prêter aux agriculteurs (propriétaires
ou fermiers) contre des billets revêtus de deux signatures, reconnues solvables par le Comité des prêts ou
d'escompte.

Les échéances seraient fixées comme pour les prêts
sur consignation de denrées, et avec les mêmes conditions.

Dans ce cas, la Banque (section des prêts à l'industrie agricole), étant autorisée à escompter des valeurs
de portefeuille à deux signatures, et *sans gage matériel
et infaillible*, serait tenue de déposer à la Caisse des dépôts et consignations le *sixième des sommes affectées à
cet escompte*.

15

A cet effet, elle achèterait des rentes sur l'Etat, de façon à tenir ce capital en réserve pour *assurer les avaries possibles de son portefeuille provisoire.*

(Il nous serait facile de prouver qu'elle pourrait se passer de ce dépôt : mais cette concession ne lui coûterait guère, puisqu'elle recevrait le montant des arrérages des titres déposés.)

Démonétisation des billets de circulation.

Lorsque, par suite du paiement régulier des annuités, des à-comptes supplémentaires, et des intérêts capitalisés, un emprunteur aura remboursé intégralement sa dette, la Banque BRULERA PUBLIQUEMENT une quantité de ses billets de circulation prise dans les caisses de la section des prêts à l'Agriculture et égale au capital remboursé. Le compte de cet emprunteur sera soldé. L'inscription hypothécaire sera levée à ses frais, s'il juge convenable d'en demander la radiation.

A la fin d'une période complète de prêt, c'est-à-dire, pendant la soixante-unième année, les emprunteurs de la première année, ayant intégralement remboursé le montant de leurs emprunts, la Banque retirera de la section des prêts à l'Agriculture, pareille somme en ses billets de circulation et les BRULERA PUBLIQUEMENT.

Dans le cas où une partie des fonds des annuités destinés à l'amortissement aurait été placée sur des valeurs mobilières, la Banque réalisera ces valeurs et ce, jusqu'à concurrence du capital à anéantir, afin de ne pas entraver la marche de la section des prêts à l'Agriculture. Elle brûlera, après la réalisation de ces valeurs, une somme de ses billets de circulation, égale au total des emprunts d'une période.

Si l'amortissement des emprunts d'une période quelconque est complété avant la soixantième année, la Banque procèdera, dès ce moment, ainsi qu'il a été dit ci-dessus, à retirer de la circulation et à brûler publiquement, une somme de billets représentant le total des emprunts de cette période.

Pour éviter des dépréciations dans le cours des valeurs mobilières par la vente simultanée d'un trop grand nombre de titres, la Banque, si elle le juge convenable, pourra procéder, avant la soixantième année, à la réalisation de ces titres, sous la condition expresse de brûler une somme égale de billets de circulation, si elle n'en trouve pas l'emploi utile à la section des prêts à l'Agriculture.

ERRATA.

Page 81, ligne 26 :   que la plupart sont des ouvriers, lisez : *que la plupart des ouvriers.*
Page 75, ligne 15 :   la commanditaire, lisez : *le commanditaire.*
Page 122. ligne 5 :   d'une épidémie, lisez : *d'une épizootie.*
Page 125, ligne 7 :   de maître, lisez : *du maître.*
Page 148, ligne 7 :   existant, lisez : *existants.*
Page 160, ligne 25 :   ne s'aurait, lisez : *ne saurait.*
Page 161, ligne 13 :   les rembourser, lisez : *rembourser ses billets.*
Page 164, ligne 17 :   183,500,000 francs, lisez : 182,500,000 francs.
Page 164, ligne 25 :   183,500,000 francs , multiplié par 3,35 , lisez : *182,500,000 francs, multipliés par 3,37.*
Page 195, ligne 13 :   qui pouraient, lisez : *qui pourraient.*

Toulouse, imprimerie Troyes Ouvriers Réunis, rue Saint-Pantaléon, 3.

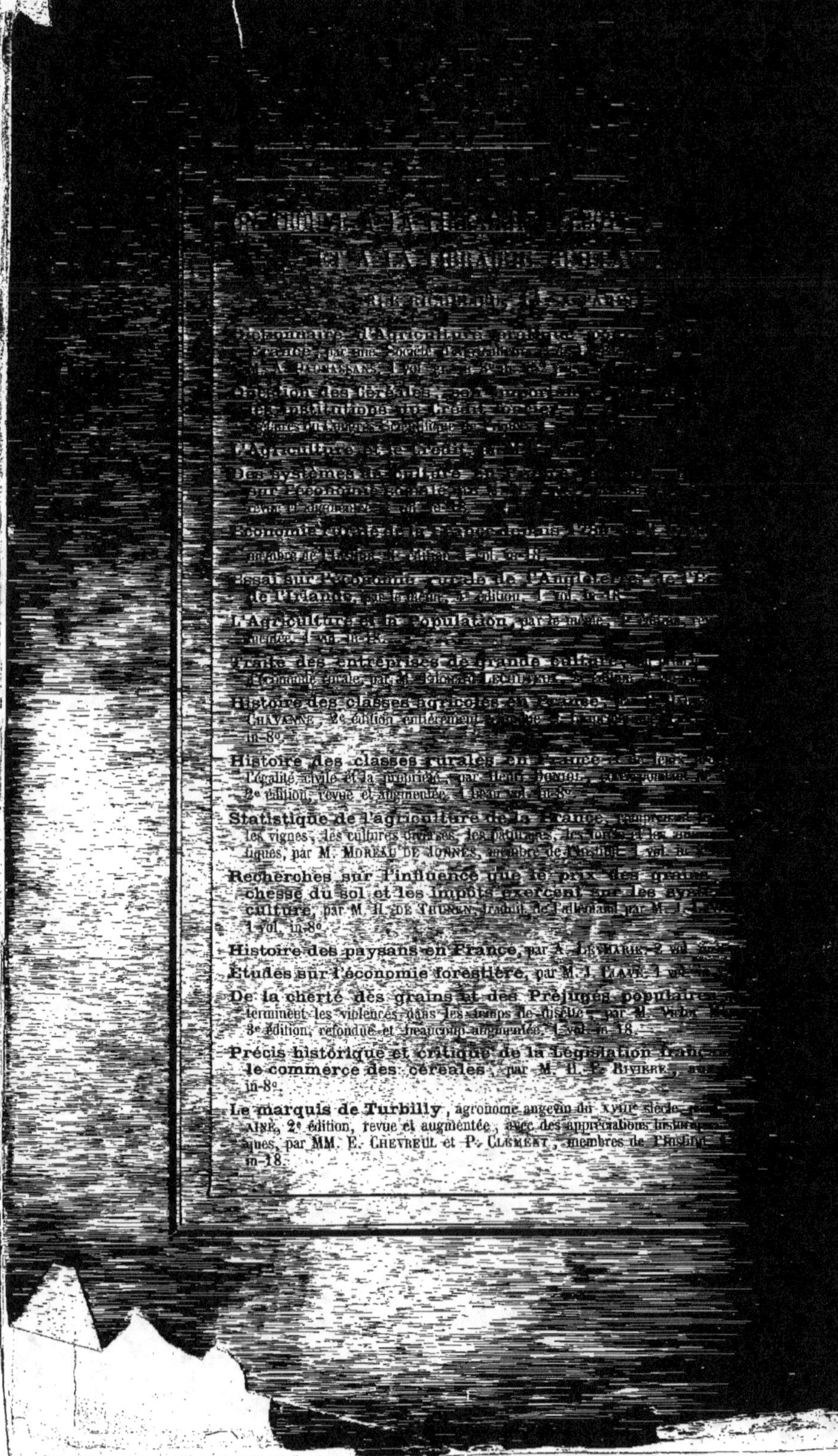

www.ingramcontent.com/pod-product-compliance
Lightning Source LLC
LaVergne TN
LVHW022247030726
842520LV00009B/815